Alles ist *ein* Leben

Alles ist *ein* Leben

Gespräche mit der Franziskanerin,
Zen-Priesterin und Tierschützerin

THERESIA RABERGER

edition steinrich

Bibliografische Information der Deutschen Bibliothek:
Die Deutsche Bibliothek verzeichnet diese Publikation in der Deutschen
Nationalbibliografie; detaillierte bibliografische Daten sind im Internet
über http://dnb.ddb.de abrufbar.

www.edition-steinrich.de

Umschlaggestaltung: Ingeburg Zoschke, Berlin
Umschlagfoto: Christina Böder
Fotos im Innenteil: © privat, unbekannt, Christina Böder (CB); Ursula
Richard (UR), Angela Zetzl (AZ), Anouschka Wasner (AW)
Gestaltung und Satz: Traudel Reiß
Druck: Westermann Druck Zwickau
Printed in Germany

ISBN 978-3-942085-56-4

Inhaltsverzeichnis

5

Vorwort
Von Ursula Richard

Zur Entstehung des Buches

Gehört hatte ich von Schwester Theresia schon einiges, bevor ich ihr dann bei einem längeren Besuch am Felsentor zum ersten Mal begegnet bin: dass sie eine Franziskanernonne ist, die immer im vollen Habit herumläuft, auch als sie noch in Innsbruck mit drogenabhängigen Menschen arbeitete, und ebenso jetzt, wo sie Schweineställe ausmistet; eine Nonne, die das Motorradfahren liebt und eine schwere Maschine gefahren hat; dass sie eine Zen-Priesterin und eine Mystikerin ist ...

Auf dem Weg zum Zendo, zur Meditationshalle, sah ich sie dann zum ersten Mal leibhaftig: in grünen Gummistiefeln, einer gelben Regenjacke über dem franziskanischen Gewand und mit ihren Hunden im Schlepptau. Nur zehn Minuten später nahm sie im Zendo zu Beginn der Morgenmeditation zen-priesterliche Funktionen mit den entsprechenden Verbeugungen und Niederwerfungen wahr. Deutlich zu sehen waren kleine Grashalme, Heureste und Flecken auf ihrem Gewand. Ein paar Tage später kamen wir erstmals ins Gespräch. Welch ein kostbarer Moment dies war, merkte ich erst später, als ich versuchte, mich mit ihr für ein Interview zu verabreden, und sich das als äußerst kompliziertes Unterfangen herausstellte, denn eigentlich hat Schwester Theresia nie Zeit und auch keine sonderlich große Lust, über sich selbst und die Tiere, die an der Tierschutzstelle des Felsentors mit ihr leben, zu reden. Doch – Wunder über Wunder – eines Nachmittags saßen wir gemeinsam auf einer Wiese etwas oberhalb der Tierschutzstelle, das Aufnahmegerät ebenso dabei wie Hunde, einige Schafe und Ziegen, von den Fliegen, Mücken, Käfern und sonstigen Kleintieren einmal ganz abgesehen. Die Aufnahme war dann so vielstimmig, dass es beim Abschreiben nicht immer einfach war, unsere menschlichen Stimmen herauszuhören und das, was sie sagten, zu verstehen. Letztlich war es natürlich auch ein Verlust, dass nur sie als wichtig genug erachtet und festgehalten und dann in der Zeitschrift *Buddhismus aktuell* 1/2015 als Interview veröffentlicht wurden statt dieses vielstimmigen Chors. Am nachhaltigsten waren für mich persönlich auch nicht die Worte, sondern die Erfahrung, dass sich in Gegenwart von Schwester Theresia und den Tieren, während ich auf dieser Wiese saß, mein Bewusstsein weitete und ich in dem Moment zutiefst »wusste«, wie wahr die Aussagen der Zen-Meister sind, die davon sprechen, dass alles – Gräser, Berge, Wasser, Tiere, Menschen – bereits

erleuchtet ist und unentwegt die Stimme des Dharma ver-
kündet. Diese Erfahrung einer Bewusstseinserweiterung
oder -öffnung habe ich in etlichen Gesprächen, die ich
mit Schwester Theresia für dieses Buch geführt habe, erleben dürfen. Für mich waren sie ein Ausdruck dafür, dass
sie wahrhaftig eine jener MystikerInnen ist, die sie in einem unserer Gespräche wie folgt charakterisiert hat: »Die
Mystiker waren im Grunde ganz bodenständige Leute. Sie
hatten die Füße auf dem Boden, den Geist und das Herz
aber in der Verbindung zum Göttlichen.« Und in deren
Gegenwart ist eben vieles möglich.

Nachdem es auf die Veröffentlichung in *Buddhismus
aktuell* sehr viele positive Reaktionen gab und Schwester
Theresia sah, dass dies der Tierschutzstelle zugutekam,
willigte sie ein, mich zu weiteren Gesprächen zu treffen,
aus denen vielleicht ein Buch entstehen könnte. Verab-
redungen zu treffen war auch jetzt nicht immer einfach,
da sie eigentlich weiterhin so gut wie nie Zeit hatte und
es auch sicher nicht zu ihren Lieblingsbeschäftigungen
gehört, sich über sich, ihr Leben und ihr Tun zu äußern.
Ich werde nie diesen leicht erschreckten, abwehrenden
Ausdruck in ihrem Gesicht vergessen, wenn ich sie nach
einem neuen Termin fragte. Anfangs musste ich mich
noch bemühen, dies nicht persönlich zu nehmen; nach
einer Weile hatte ich das Gefühl, dass wir beide unsere
Gespräche mehr und mehr genossen und sich eine große

Nähe und Verbundenheit einstellte – zumindest für mich kann ich das sagen. Diese Gespräche haben wir bei zwei längeren Besuchen meinerseits am Felsentor geführt und daraus ist dann das vorliegende Buch entstanden, in das auch noch Teile aus dem in *Buddhismus aktuell* bereits veröffentlichen Interview eingeflossen sind.

Dass das Leben stete Veränderung und alles vergänglich ist, wird auch im Buch an einigen Stellen offenkundig. Während Nuria bei unserem ersten Gespräch noch lebte, ein Hund, mit dem Schwester Theresia eine tiefe Seelenverwandtschaft erleben konnte, war er zur Zeit unseres nächsten Gesprächs bereits gestorben. Während wir in einem Gespräch über die Identitätsprobleme eines Lämmchens sprachen, das von seiner Schafsmutter nicht angenommen worden war und nun Schwester Theresia und die Hündin Sabrina für seine Mütter hielt und in einem Kinderlaufstall im Häuschen von Schwester Theresia spielte, war Heaven – so mittlerweile sein Name – bei meinem nächsten Besuch einige Monate später ein ausgewachsenes Schaf mit dickem, zotteligem Fell, das nun ganz selbstverständlich und ohne zu fremdeln mit seinen Artgenossen umherzog.

Die Aufnahmen wurden im Folgenden transkribiert – dafür möchte ich mich sehr herzlich bei Sonja Heyer bedanken – und dann thematisch geordnet. Das erschien mir sinnvoller als sie in ihrer Gesprächschronologie zu bewahren, denn wir kamen bei unseren Treffen oft, wie man so schön sagt, vom Hölzchen aufs Stöckchen. Dabei hat mich meine Schwester Martina Richard sehr unterstützt, indem sie nach Durchsicht des Materials für das Buch seine jetzige Struktur entwickelt und die Texte zugeordnet hat. Ohne ihre Arbeit und ihre Klarheit gäbe es das Buch in der vorliegenden Fassung nicht. Dafür danke ich ihr sehr. Die daraus entstandene Fassung wurde von mir weiter bearbeitet und ergänzt und dann durch weitere Gespräche mit Schwester Theresia an einigen Stellen angereichert. Diese letzte Fassung erhielt durch das Lektorat von Carl Polónyi seinen letzten Schliff. Vielen Dank dafür. Sie wurde nochmals von Schwester Theresia durchgelesen und an einigen Stellen korrigiert.

Mein tiefster Dank gilt natürlich Schwester Theresia für all die Zeit, die sie dem Projekt gewidmet hat; dafür, dass sie ihre Neigung, nicht so gern über sich zu sprechen, zeitweilig beiseite gestellt und sich so offen über sich, ihr Leben und ihre Arbeit geäußert hat; und vor allem für die Freundschaft, die sich während dieser Zeit zwischen uns entwickelt hat. Für mich ist das ein ganz großes Geschenk.

Bedanken möchte ich mich auch sehr herzlich bei der Hausgemeinschaft des Felsentors für ihre Gastfreundschaft sowie die vielen Gespräche, die ich mit Einzelnen führen konnte und die mein Bild über das Felsentor und die Tierschutzstelle sehr bereichert haben. Es gäbe beides nicht – und ganz sicher auch nicht Schwester Theresia an diesem Ort – ohne den Stifter Vanja Palmers, ihrem Zen-Meister. Ihm sei von Herzen dafür gedankt, solch einen Ort, der für so viele Wesen wichtig und hilfreich ist, ermöglicht zu haben. Vielen Dank auch an Bruder David Steindl-Rast für sein Geleitwort sowie an Josef Windischer, Peter Pfötscher und Vanja Palmers für ihre Nachworte. Mein großer Dank geht auch an Christina Böder, an Angela Zetzl und Anouschka Wasner für die Fotos, die sie für das Buch zur Verfügung gestellt haben, und nochmals an Schwester Theresia: für die Fotos aus ihrer Fotokiste und damit an einige namentlich nicht bekannte FotografInnen, deren Bilder den Fototeil schmücken.

Last not least möchte ich mich bei den Tieren der Tierschutzstelle bedanken, die mich so vieles gelehrt haben. Ihnen und Schwester Theresia wünsche ich, dass sie immer die Hilfe und Unterstützung bekommen, die sie brauchen, um ein gutes Leben führen zu können.

Geleitwort
von Bruder David Steindl-Rast

Sehe immer noch Schwester Theresia vor mir bei unserer Begegnung auf dem Felsentor umringt von Schweinen, Schafen, Hühnern, Enten … wie Mutter Erde selber.

Insbesondere hab ich Schwester Theresia bewundert, als sie von Hall in Tirol bis nach Vitznau im vollen Habit auf dem Motorrad anreiste und obendrein noch einige Schildkröten einschmuggelte.

Schwester Theresia in all ihrer stillen Bescheidenheit verkörpert für mich echt franziskanische Liebe zu allen Lebewesen. Sie gibt dadurch ein für unsere Zeit unschätzbares Beispiel.

Das, was wir suchen, ist immer da

Ursula Richard: *Du lebst hier in der Tierschutzstelle am Felsentor mit Kühen, Schweinen, Ziegen, Hühnern, Hunden, Katzen und Schafen. Ein für eine katholische Nonne und buddhistische Zen-Priesterin zunächst einmal ungewöhnlich anmutendes Umfeld. Was lernst du aus der Gemeinschaft mit den Tieren?*

Schwester Theresia: Tiere sind authentisch. Sie können sich nicht hinter Worten und Definitionen verstecken. Bis ein Mensch zu dieser Unverstelltheit findet, ist es ein langer Weg. Tiere sind immer im Augenblick und haben eine sehr gute Wahrnehmung, wie es anderen geht. Sie haben keinen Geist, der aufspalten kann. Sie können nicht mit dem Körper hier auf der Rigi und mit dem Geist in Amerika sein. Das können nur wir. Sie scheinen darüber zu staunen, dass wir das fertigbringen, und merken, wenn wir nicht im Lot sind. Ich erkläre es mir so, dass sie eine ganz feine Wahrnehmung für die Körpersprache haben und intuitiv erfassen, ob wir mit uns selbst und der Situation im Einklang sind. Sie spüren, ob wir authentisch sind. Tiere sind das ja immer. Was in ihnen an Empfinden vorhanden ist, drückt sich auch in ihrem Körper aus. Ich nehme oft wahr, dass sie auch meine Befindlichkeit wahrnehmen. Wenn ich zum Beispiel mit etwas anderem beschäftigt oder ärgerlich in den Stall gehe, merke ich spätestens am Verhalten der Schweine, dass etwas mit mir nicht in Ordnung ist. Sie sind dann nicht so nah, sie bleiben auf Abstand und schauen mich an.

Warten sie dann, wenn du ihnen einmal in einer nicht so guten Stimmung begegnest, bis du wieder besser gestimmt bist, oder trösten sie dich auch?

Sie helfen mir, ins Hier und Jetzt zurückzukommen, und mir fällt dann selbst auf, was mit mir los ist und mich beschäftigt. So wie man in der Meditation auch immer wieder zum Atem zurückkehrt. Die Tiere sind wunderbare Lehrer auf dem spirituellen Weg. Sie lehren mich, ebenso wie sie in der Lebendigkeit zu bleiben. Sie lehren mich, zur Quelle zurückzukehren und nicht in den Geschichten steckenzubleiben, die in meinem Kopf herumgeistern. Denn sowohl Erinnerungen als auch Zukunftsplanungen sind ja sehr unreal. Die Tiere sind wie unser Atem, in jedem Augenblick frisch. Das ist sehr hilfreich, wenn man sich in etwas verstrickt hat oder sehr traurig ist oder sich über etwas ärgert. Mit ihnen findet man zu dem zurück, was wirklich ist, und ist wieder im Einklang mit allem.

Aber wenn du wütend oder traurig bist, ist doch auch das in dem Moment wirklich.

Ja, aber das ist in einer größeren Weite zu sehen, denn es ist absolut klar, dass man nicht die Einzige ist, der es so geht. Das Wissen, dass wir alle gemeinsam in einem Boot sitzen, bringt alles in einen größeren Raum. Es wird dann wirklich zu einem Miteinander-Tragen.

Die Tiere sehen an unserer Körpersprache, wenn wir nicht eins sind. Sie selbst sind es immer und das ist wunderschön. Auch wenn es sich schwer beschreiben lässt, aber ich mache immer wieder die Erfahrung, wie die Anwesenheit der Tiere auch den Gästen am Felsentor guttut. Manche kommen hierher und erhoffen sich, durch Meditation zur Ruhe und wieder in ihre Mitte zu finden. Und dann passiert manchmal etwas völlig anderes: Alles, was bisher durch Verdrängung weggeschoben wurde, kommt in der Meditation hoch.

Manche halten es in der Meditationshalle, im Zendo, dann gar nicht aus, weil Körper und Geist gleichermaßen wehtun. Dann sieht man sie plötzlich ruhig und entspannt bei den Schweinen sitzen, und sie spüren, dass da etwas heil ist.

Lässt sich dieses Heile beschreiben?

Die Tiere erinnern uns einfach durch ihr Dasein daran, dass es so vieles gibt, was uns zunächst sehr unscheinbar erscheint und wir oft gar nicht wahrnehmen. Würden wir das aber tun, könnten wir erfahren, dass es diese Dinge sind, die uns glücklich machen. Man muss sie nur wahrnehmen und genießen, man braucht sie nicht zu kaufen. Wenn ich frühmorgens auf der Leiter von meiner Kammer herunterkomme und Nuria wedelt freundlich mit dem Schwanz, dann fühle ich mich so reich beschenkt.

Wenn wir meditieren, kommen wir an einen Punkt, wo ein anderes Wissen in uns aufscheint. Und je tiefer wir vordringen, umso mehr gelangen wir in eine Einheit mit allem, und dort werden Begegnungen in einer ganz zentrierten Art möglich. Das erlebe ich auch im Zusammensein mit den Tieren. Manchmal geht dieses Gefühl bei mir so weit, dass ich uns als einen Körper empfinde, zum Beispiel, wenn der Anton, unser Eber, in seinem frisch gemachten Strohnest liegt. Dann spüre ich ganz unmittelbar, dass es ihm gut geht. Babuschka, unser blindes, taubes und gehbehindertes Schwein, liegt viel, und es tut ihm gut, wenn man es bürstet, damit der Kreislauf in Gang kommt. Daraus entstehen Glücksmomente für beide Seiten. Dann ist die Welt in Ordnung. Abends ist hier die Hauptarbeitszeit mit den Tieren, weil sie alle in den Stall geführt werden müssen. Manchen kommt es komisch vor, dass ich als Zen-Priesterin oft bei der Abendmeditation fehle. Aber ich denke, ich bin sehr da und dabei.

Die Begegnung mit den Tieren verringert auch die Gefahr, an den Formen hängen zu bleiben, die es ja auch sehr stark in den Religionen gibt. Jenseits der Formen leuchtet auf, was man Urgrund nennt. Yoka Daishi drückt es im *Shodoka* poetisch aus: Nebel, Tau und Regen sind das Kesa, das unseren Leib umhüllt. Kesa, auch »Gewand der Befreiung« genannt, ist hier Sinnbild für das *eine* Leben.

Kannst du über dein Zusammensein mit den Tieren deine Verbindung mit dem Urgrund immer wieder herstellen?
Die Gegenwart der Tiere ist für mich sehr hilfreich. Sie machen es für mich einfach so offensichtlich. Man muss nichts tun, sondern einfach nur sehen, dass sie immer in dieser Verbindung stehen. Es ist so ähnlich wie in der Meditation. Die Worte, aus denen man Geschichten machen kann, hinter denen man sich verstecken kann und die stets viel zu kurz greifen, fallen weg. Darunter, unter allen Worten und Bildern, ist ein Raum der Stille, der auch um die Tiere ist. In ihm gibt es einerseits eine Ebene des Aufgehens im transzendenten Sein und andererseits eine Ebene, auf der man den Tieren wirklich begegnet.

Du sagst, dass die Tiere immer in dieser Verbindung leben. Wissen die Tiere davon?
Sie wissen es nicht.

Ist es das, was wir den Tieren voraushaben? Wir wissen darum oder wir können darum wissen, sowohl, wenn wir in dieser Dimension des Transzendenten sind, als auch, wenn wir herausfallen.

Ja, das können wir. Aber manchmal scheint mir, dass Mystiker vielleicht diesen Beobachter in sich nicht mehr haben und einfach wie Fische im Wasser sind.

Weil sie den Beobachter nicht mehr brauchen?

Ja. Sie leben einfach in einer ganz großen Natürlichkeit. Buddha-Natur, unser wahres Wesen. Es ist stimmig, darin zu leben. Das Herausfallen und das Zurückkehren gehören mit dazu.

Wie können wir uns dafür mehr sensibilisieren oder öffnen?

Wenn wir aufmerksam sind, dann verstehen wir, dass alle Wesen und alle Situationen uns etwas lehren. Wir sitzen gemeinsam in einem Boot. Die dunklen Seiten des Lebens sind nach buddhistischer Sicht davon geprägt, dass man etwas bekommt, was man nicht möchte, oder etwas nicht bekommt, was man unbedingt will. Zusätzlich macht unser Geist selbst etwas aus einer gegebenen Situation. Jede und jeder von uns erfährt das auf eigene Weise. Ob es um Trennungen, Überforderungen, Missverständnisse, das Festgefahrensein in einer Situation oder um Krankheit geht. In schwierigen Situationen ist es vielleicht intellektuell noch möglich, Ja zu sagen, aber innerlich ist es schwer, die Ausrichtung zu sehen.

Der todkranke Zen-Meister Ma sprach vom »Buddha mit dem Mondgesicht und Buddha mit dem Sonnengesicht«; Shunryu Suzuki vom »lächelnden Buddha und leidenden Buddha«. Er verwandte dieses Bild während seiner Krebserkrankung, die zeitweilig mit großen Schmerzen einherging und schließlich auch zu seinem Tod führte. Das Schöne daran ist: Wir sind immer Buddha, in jeder Situation. Wie auch immer wir mit unserem Geist und unserer Befindlichkeit umgehen, wie schwierig die Situationen auch sein mögen, im Stillwerden, in der Meditation ist es immer möglich, den Anschluss an unser wahres Wesen (welchen Namen wir dem auch geben mögen) wiederzuerlangen. Unsere Grenzen sind nicht unsere äußere Haut. Wir tragen das Dunkle wie das Helle gemeinsam.

Und dann können wir auch realisieren, dass wir letztlich den Anschluss nie verloren haben, nie wirklich herausfallen können, so wie ja auch die bekannte Kirchenliedzeile davon spricht, dass wir nicht tiefer fallen können als in Gottes Hand. Ein in meinen Augen wunderbares Bild.

Ja, jede Meditation hilft uns, tiefer zu schauen, wer wir wirklich sind und wo unsere Grenzen sind. Alle Religionen, alle spirituellen Wege und mystischen Vorgaben zielen darauf ab, uns dorthin, in diese große Weite, aus der wir kommen, zurückzuführen. Für dieses Eine ist jeder Name richtig und gut, aber auch eine Begrenzung. Ich gebrauche absichtlich nicht die Bezeichnung »Gott«, weil das für viele Menschen bestimmte Bilder hervorlockt. Aber eigentlich weiß jeder in der Sehnsucht des eigenen Herzens, dass es da etwas gibt, das größer ist als wir. Und das wird nicht mit uns als Person vergehen. Das ist nicht gekommen und das geht nicht fort. Die Person mit einem bestimmten Namen, Geburtsdatum und einer bestimmten Nationalität, bestimmten Vorlieben und Abneigungen, die ist begrenzt. Doch das ist nicht das, was uns in der Gesamtheit ausmacht.

Wie können wir die Stimme dieser Sehnsucht für uns wieder hörbarer machen, wenn wir den Kontakt dazu verloren haben?
Wir können in der Meditation zum Beispiel immer wieder zum Ausgangspunkt, zur Quelle, in den Augenblick, zurückkehren und von vorn anfangen. Es gibt genügend Dinge, die uns abdriften lassen. Schließlich ist es ja auch wichtig, in dieser Welt zu bestehen. Um Anforderungen zu genügen, braucht es eher das ganze Spektrum, das eine Person ausmacht. Dabei geht der Faden nach oben mitunter verloren. Es gibt diese schöne Parabel von der Spinne, die ihr Netz gut und geschickt immer weiter aus-

baut. Eines Tages kommt sie zu einem Faden, der nach oben führt, doch sie kann sich nicht erinnern, wofür er da ist. Sie meint, sie bräuchte ihn nicht, und beißt ihn durch. Und das ganze Netz fällt zusammen. So verhalten auch wir uns oft angesichts der täglichen Lebensanforderungen. Wenn wir glauben, unsere Ausrichtung verloren zu haben, wenn wir uns als von allem getrennte Wesen sehen, dann stimmt auch alles andere nicht. Doch wenn diese Verbindung zum Transzendenten da ist, ordnet sich alles darum herum.

Es gibt eine Geschichte von einem Zen-Mönch, der den Mond anschaut. Er sieht, je nachdem, nur ein Viertel des Mondes, die Hälfte oder den ganzen Mond. Und manchmal sieht er auch gar keinen Mond. Auf einer Zeichnung zu der Geschichte ruft der Mönch: Wie spät ist es, Herr Mond? Es ist eigentlich immer Vollmond, auch wenn zu bestimmten Zeiten nur wenig von ihm zu sehen ist und der Rest verdeckt und dunkel bleibt, weil es in unserem Geist und unserer Wahrnehmung dunkel bleibt.

Ja, es gibt immer wieder diese Zeiten, an denen man zweifelt, die Stimme des Herzens nicht mehr hört und nach Orientierung sucht. Kennst du solche Zeiten auch?
Ja, natürlich kenne auch ich solche Zeiten oder Engpässe, in denen ich mich gefragt habe: Ist das wirklich Gottes Wille? Das betraf die Wahl des Ordens, später die Arbeit

in den Heimen. Ja, ich kenne solche Dürrezeiten, aber ich habe sie nie so erlebt, dass ich grundsätzlich ein anderes Leben hätte führen wollen. In solch schwierigen Zeiten habe ich mich aber stets nach dem Feuer unter der Asche gesehnt, nach neuer Inspiration und Ausrichtung und danach, fühlbar getragen zu sein. Und ich habe die Erfahrung gemacht, dass es immer wieder möglich ist, dieses Feuer unter der Asche zu finden. Wir haben den Kompass, die Antennen in uns, die uns immer wieder dorthin führen. Vor vielen Jahren, als ich so sehr auf der Suche nach jener universellen Spiritualität war, die Franziskus vorgelebt hat, die ich innerhalb des franziskanischen Ordens aber so wenig fand, habe ich mich in einem Engpass gefühlt. Ich habe versucht, das Feuer unter der Asche wiederzufinden, indem ich eine spontane Fahrt nach Assisi unternahm. So, wie wir in der Meditation wissen, dass wir diesen Urgrund immer wiederfinden und Kraft daraus schöpfen, so war mir damals klar, dass Assisi ein guter Ort ist, um genau das wiederzufinden und die Lehren des Franziskus erneut zu spüren. Ich bin kurzerhand mit der aufgemotzten Vespa von meinem Kloster in Hall in der Nähe von Innsbruck nach Assisi gefahren. Das waren zirka 800 Kilometer. Ich fuhr an einem Vormittag um elf Uhr los und wollte zunächst zur Generaloberin nach Brixen in Südtirol, um sie um Erlaubnis zu fragen. Ich hatte eine Hängematte und etwas Geld für das Benzin dabei. Auf dem Weg zur Generaloberin kam es mir dann aber nicht fair vor, sie zu einer Entscheidung zu nötigen. Wir verstanden uns sehr gut, und ich wusste, sie würde mich unterstützen. Aber ich wusste auch, dass es nicht einfach für sie sein würde, es den anderen zu erklären. Deshalb fuhr ich einfach durch. Kurz vor sechs am nächsten Morgen kam ich in Assisi an. Als die Unterkirche in San Francesco, in der sich die Grabstelle des heiligen Franziskus befindet, geöffnet wurde, genoss ich es sehr, dort zu sein. Gleichzeitig wurde mir klar, dass ich dort nicht hätte hinfahren müssen. An jedem Ort, an dem man ist, ist es immer unter den eigenen Fußsohlen. Doch um das zu verstehen, musste ich dort sein. So hat sich diese Reise doch sehr gelohnt. Auf der Rückfahrt kam ich kräftemäßig zunächst nur bis Trient. Ich war so lange ohne Schlaf unterwegs, dass ich schließlich die Zebrastreifen auf der Seite stehend sah. Ich musste eine Pause machen, hatte aber kein Geld zum Übernachten. Dann sah ich ein Haus mit einem Schild »Alberto Anna« über der Tür. Dort fragte ich, ob ich irgendwo meine Hängematte aufhängen könne. Sie sprachen kein Deutsch und ich kein Italienisch. Ich zeigte ihnen meinen Motorroller und erzählte von Assisi. Sie sahen, wie dreckig ich war, verstanden mich wohl und gaben mir ein Zimmer. Ich zeigte ihnen, dass ich kein Geld hatte. Trotzdem gaben sie mir zusätzlich noch etwas zu essen. Ich schlief wie ein Stein, bekam am nächsten Tag noch ein Frühstück, und wir gingen als gute Freunde auseinander. Ich denke heute noch an diese große Gastfreundschaft. So wollte es der Franziskus für seine Klöster auch haben.

Das, was ich suche, ist immer da, das habe ich damals sehr stark erfahren. Es ist unter den eigenen Fußsohlen, das heißt da, wo man steht und geht, im Jetzt. Im jetzigen Augenblick ist alles da, was wir brauchen. Nichts fehlt, auch wenn wir nur den Viertelmond sehen und mehr nicht wahrnehmen können. Uns fehlt oft die Wahrnehmung dafür, aber alles, was wir für unser Glück und unser Sein brauchen, ist da.

Aber gibt es nicht trotzdem bei Tieren wie bei Menschen schwierige Verhältnisse, die unakzeptabel sind?
Es gibt eine Gleichzeitigkeit. Man muss Not Wendendes, also Notwendiges tun, um Leid zu minimieren, zu trösten und zu helfen – und gleichzeitig sind wir aufgehoben. So, wie Marlon, der Hund hier, daliegt, würde man gern alles, alles, alles tun, damit es ihm gut geht. Jede Minute, die ein Wesen frei von Leid leben kann, bleibt. Nichts ist verloren.

Was meinst du damit, dass es bleibt?
Man könnte meinen: Was ist es schon, sich um einen kleinen, alten, rumänischen Hund zu kümmern, ihn zu beruhigen und ihn zu füttern? Aber nichts, was in Liebe getan

wird, geht verloren. Es behält seine Wirkkraft in der Welt und im Ganzen.

Manchmal sitze ich hier und alle, die Schweinchen und die Schafe und die Hunde und die Katzen und die Hühner, sind beieinander. Und das ist wirklich schön. Im Schöpfungsbericht, in der Genesis, heißt es: »Als die Menschen noch verbunden waren mit Gott, sprachen sie auch geschwisterlich mit den Tieren.« Sie haben sie nicht genutzt und getötet, sondern wertgeschätzt und ihnen Namen gegeben. Als die Trennung geschah, trennten sich die Menschen auch von den Tieren.

Im Buch Genesis ist auch davon die Rede, dass sich der Mensch die Erde untertan zu machen habe.
Diese Ausrichtung bringt nicht nur den Tieren, sondern auch uns selbst tiefstes Leid. Alles Leid erwächst daraus, dass der Mensch nur um sich selbst kreist. Das sorgende Gewahrsein befreit hingegen auch uns. Das ist der einzige Umgang, den die Tiere verdienen.

Wodurch ist deiner Meinung nach diese Trennung entstanden?
Alle Religionen führen dafür äußere Gründe an. Es hat aber mit dem menschlichen Geist zu tun, in dem sich ein Ich herausgebildet hat.

Und um ein Ich herauszubilden, muss man sich zunächst abtrennen.

Die menschliche Seinsweise ist eigenartig. Wir haben so einzigartige Möglichkeiten. Unser Bewusstsein erfasst so vieles, was den Tieren nicht zugänglich ist. Und gleichzeitig leiden wir unter so vielem. Bevor wir nicht nach Hause, in diese Verbindung zurückkehren, ist Glück nicht möglich. Vielleicht vorübergehend. Aber alles Äußere erweist sich letztlich nicht als das Gelbe vom Ei.

Es scheint der Preis der Getrenntheit zu sein, dass ich mich als endlich erfahre und unter diesem Getrenntsein und dieser Endlichkeit leide. Zugleich kann man sagen, dass sich das Universum im Menschen seiner selbst bewusst wird. Wir können über das Universum nachdenken, wir können es erforschen. Und dafür scheint eine solche Entwicklungsphase unseres Erkenntnisvermögens vonnöten gewesen zu sein. Der Preis dafür ist die Abtrennung und das Leiden.

Nachdem all diese Trennungen geschehen und die Menschen aus dem Reich Gottes herausgefallen sind, scheint mir, dass wir in umgekehrter Richtung heimkehren können. Wenn die Beziehung zu den Tieren wieder gelingt und wir sie wieder als Geschwister sehen, dann kann eine neue Gottverbundenheit entstehen, und die Tore gehen auf.

Kindheit und Familie

Ursula Richard: *Wenden wir uns nun doch einmal der Person Theresia Raberger zu mit ihrer Identität, ihrem Namen, ihren Eigenschaften, Vorlieben – ihrer Lebensgeschichte.*

Schwester Theresia: Mir kommt meine persönliche Lebensgeschichte nicht wichtig vor. Eine Lebensgeschichte mit Namen und einem bestimmten Geburtsdatum erscheint so individuell. Eigentlich geht es doch um Erfahrungen, die wir alle mit dem immer gleichen Thema machen. Die Fäden finden sich für jede und jeden in einer bestimmten Anordnung immer wieder.

Dir mag deine Lebensgeschichte nicht wichtig erscheinen, aber ich finde es immer wieder interessant, wie sich aus individuellen Lebensbedingungen ein Weg entwickelt, in dem sich stets auch etwas Einzigartiges ausdrückt.

Eigentlich drückt das Individuelle ein gemeinsames Wirken aus. Teilhard de Chardin sprach davon, dass wir nicht menschliche Wesen sind, die eine göttliche Erfahrung machen, sondern dass wir göttliche Wesen sind, die menschliche Erfahrungen machen. Aus dem Göttlichen entsteht also die menschliche Erfahrung. Die Lehren aller Weisen deuten auf diese Zusammenhänge hin. Das Individuelle steht für uns ja meist im Vordergrund und wir sind sehr damit beschäftigt. Aber diese andere Dimension wirkt immer mit und macht die eigentliche Ausrichtung aus. Ein größeres Geschenk gibt es nicht und ein schöneres können wir einander gar nicht machen, als uns immer wieder gegenseitig an unsere wahre Herkunft zu erinnern. Manchmal sind die Antennen dafür unter den Widrigkeiten, die wir für groß halten, verschüttet. Dann gilt es, sie wieder freizulegen. Vorhanden sind sie immer.

Was möchtest du uns aber vielleicht doch von deiner persönlichen Geschichte erzählen?
Ich lebte als Säugling nur kurze Zeit bei meiner Mutter, bis sie nach Deutschland ging. Die Ehe meiner Eltern wurde geschieden, als ich zwei Jahre alt war.

Meine Mutter zog dann nach München und hat auch wieder geheiratet. In der ersten Zeit nahm sie mich manchmal mit nach Deutschland. Aber durch ihre Berufstätigkeit als Krankenschwester ging das nicht gut. Aufgewachsen bin ich im Grunde bei meinen Großeltern in einer kleinen Stadt in Osttirol und bei Pflegeeltern. Die Zeiten bei meiner Oma waren sehr schön. An die Pflegeeltern, es waren zwei Paare, erinnere ich mich kaum. Aber wie mir meine Oma erzählte, lief dort alles gut. Mit acht

Jahren zog ich dann zu meiner Mutter und ihrem Mann in den Berchtesgadener Raum, mit zehn Jahren kam ich in eine katholische Internatsschule nach Bad Reichenhall. Es war ein Halbtagsinternat, zum Übernachten und am Wochenende fuhr man nach Hause. Das war eine Fahrt von jeweils 30 Kilometern. Im Internat habe ich mich sehr wohlgefühlt. Ich weinte, wenn die Ferien kamen und ich die Schule verlassen musste.

Meine Oma blieb stets eine sehr wichtige Bezugsperson für mich und zwischen uns gab es immer eine gute Basis. Wir hatten auch über große Entfernungen hinweg stets ein starkes Vertrauen zueinander. Ich hatte immer die Sicherheit, von ihr gemocht zu werden. Geschwister habe ich keine, aber ich fand heraus, dass mein richtiger Vater noch zwei Söhne hat. Persönlich kennengelernt habe ich sie nie.

Was ist deine erste Erinnerung an ein Tier?
Unser Schäferhund Harri ist mir sehr nah gewesen. Ihn gab es schon, bevor ich geboren wurde. Meine Großmutter sagte, meine ersten Worte hätten dem Hund gegolten. Die meisten Kinder sagen zuallererst Worte wie »Mama« oder »Papa«. Doch die waren kaum da. Und so versuchte ich, Worte für den Harri zu finden. Später zeigte mir meine Tante beim Spazierengehen andere Tiere: Käfer, Schnecken, Raupen. Und noch später hat der Opa einen

Kanarienvogel namens Hansi angeschafft. Als ich das Haus meiner Großmutter Richtung Deutschland verlassen musste, dachte sie in weiser Voraussicht, dass dieser Umzug für mich nicht ganz einfach verlaufen würde. Ich würde vielen fremden Menschen begegnen, in einem anderen Land leben und eine neue Schule besuchen. Sie kaufte mir für viel Geld Alfi, einen Langhaardackel, der mich nach Deutschland begleitete. Er wurde sehr alt und starb erst, als ich bereits im Kloster lebte.

Tiere waren schon immer sehr wichtig für mich. Wenn ich im Internat übernachtete – normalerweise fuhr man ja zum Übernachten nach Hause, aber manchmal konnte man auch dort bleiben –, nahm ich meinen Hund mit. Ansonsten sahen wir uns jeden Abend zu Hause wieder. An den freien Wochenenden war ich meist mit ihm unterwegs. Ich trug die Schulbücher unterm Arm und wir gingen in den Wald. Es gab einen Baum, der weit unten einen starken Ast hatte. Darauf konnte ich den Alfi hieven. Dort lag ich dann mit ihm und den Büchern. Das waren schöne Zeiten.

Hattest du auch Freundinnen in der Schule oder waren Tiere deine besten Freunde?
Ich hatte Schulfreundinnen, aber in meiner Freizeit traf ich sie eher selten. Der Vater meiner besten Freundin gehörte zu den amerikanischen Besatzungssoldaten. Eigent-

lich hatten die Amerikaner eigene Schulen, Sportplätze und Geschäfte. Aber ihre Eltern wollten, dass sie mehr integriert war. Wir waren manchmal zusammen unterwegs, aber mein Hund war immer dabei.

Was weißt du noch über deine Familie oder welche Erinnerungen hast du an sie?
Meine Mutter war Krankenschwester, meine Oma Hausfrau und sie nähte in Heimarbeit Hüte. Mein Opa arbeitete in einer Hutmacherei. Die Eltern meiner Oma waren auch aus Österreich. Damals wurden die großen Fabriken nach Slowenien verlagert und die Tiroler Hutmacher wanderten auch dorthin aus. Die Oma wurde dort geboren, aber meine Großeltern kamen während des Zweiten Weltkriegs wieder zurück.

An meinen Vater habe ich keine Erinnerungen. Doch ich habe ihn später gesucht. Einem Kollegen erzählte ich einmal, dass es mich interessieren würde, was für ein Mensch mein Vater wohl sei. Ich hatte schon viel unternommen, um ihn ausfindig zu machen. Er gab dann seinen Namen im Internet ein und fand tatsächlich eine Adresse und eine Telefonnummer. Ich rief an und jemand meldete sich mit »Raberger«. Ich war so überwältigt, dass ich wieder auflegte. Ich habe ihm dann lieber einen Brief geschrieben. Lange kam keine Antwort. Schließlich erhielt ich doch einen Brief, aber der Absender war nicht

Erich, sondern Andreas Raberger. Er schrieb, der Vater sei wegen einer Lungenembolie im Krankenhaus und er sei beauftragt, nach der Wohnung zu schauen und die Post zu öffnen. Er habe sich über den Brief sehr gefreut und auch darüber, dass er eine Schwester habe, denn das habe er nicht gewusst. Der Vater werde selbst antworten, wenn er wieder in der entsprechenden Verfassung sei. Ich schrieb zurück, ich freute mich auch. Dann passierte eine Zeit lang nichts. Ich wandte mich wieder an den Sohn, meinen Bruder, und erfuhr, dass der Vater keinen Kontakt wolle. Daraufhin beschloss ich, es dabei zu belassen. Später schrieb ich noch einmal an diese Adresse, doch der Brief kam zurück, da es dort den Empfänger nicht mehr gab.

Meine Mutter ist 2010 gestorben. Am Ende saß sie nach einem Schlaganfall im Rollstuhl und war im Pflegeheim. Ich besuchte sie ein paarmal mit dem Motorrad. Der Hin- und Rückweg betrug 1000 Kilometer. Wir konnten nichts Wesentliches oder Tiefes mehr miteinander teilen oder aufarbeiten, aber wir haben es noch gut miteinander gehabt. Sie war nicht religiös und konnte nicht verstehen, dass ich Nonne geworden bin.

Was sagte deine Großmutter zu deiner Entscheidung, ins Kloster zu gehen?
Sie fand es auch nicht gut, dass ich Nonne wurde. Ich trat in den franziskanischen Orden wegen seiner Spiritualität

ein, aber auch, weil man einen kontemplativen Orden – was der franziskanische nicht ist – nicht hätte verlassen können, um einen Angehörigen zu pflegen. Ich hatte keine Geschwister und wollte mich um meine Großeltern kümmern können, wenn sie einmal ganz alt wären und es ihnen schlecht ginge.

Meine Oma war eine sehr mutige Frau. Als ihr Mann starb, blieb sie mit 80 Jahren allein in der Wohnung. Später meldete sie sich selbst in einem Altersheim an, verkaufte mit 85 Jahren ihre Wohnung und zog dorthin. Selbst den Umzug brachte sie alleine über die Bühne. Später sagte sie, die Jahre im Altersheim seien ihre schönsten gewesen. Ich musste sie nicht versorgen, aber ich besuchte sie immer sehr gern. Sie erlebte noch ihren 90. Geburtstag. Das Heim war nicht sehr weit vom Kloster entfernt, doch als sie schwer erkrankte und dann starb, lebte ich wegen meiner Heilpädagogikausbildung schon in München. Jede Woche fuhr ich per Anhalter von dort nach Osttirol. Das war recht weit. Wie immer öffneten sich auch beim Fahren per Anhalter sehr viele Türen. Ich lernte wunderbare Menschen kennen. Ich wurde immer schnell mitgenommen. Einmal gab mir jemand noch Geld für Blumen, ein anderer gab mir eine Schachtel Pralinen. Es war für alles immer gesorgt.

Du kommst ja aus nicht so ganz einfachen familiären Ver-
hältnissen, bist ähnlich »mutterlos«, auch im übertragenen
Sinne, aufgewachsen wie manche deiner späteren Schutz-
befohlenen, seien es die Kinder in den Heimen, die Dro-
genabhängigen in der Mentl-Villa oder die Tiere hier in der
Tierschutzstelle. Kannst du vielleicht deshalb so hilfreich in
diesen Bereichen wirken, weil du selbst bestimmte Schwie-
rigkeiten erfahren und von daher ein größeres Verständnis
für Menschen und andere Lebewesen hast, die Ähnliches
erlebt haben?

Ich weiß es nicht. Auf jeden Fall hatte ich sehr stark diesen Wunsch, hilfreich und unterstützend zu sein, als ich
zum Beispiel in dem Heim für sozial benachteiligte, erziehungsschwierige Kinder, der Bubenburg, arbeitete. Ich
dachte, es hat einen Sinn, dass ich diese Erfahrungen gemacht habe. So weiß ich, was diese Jungen empfinden. Da
ist es leichter zu wissen, was sie brauchen.

Ich sagte den Jungen immer wieder: Lasst euch nicht
so sehr davon beeinflussen, wenn jemand eure Situation
als ganz schwierig oder schlimm darstellt und behaup-
tet, dass ihr euch deswegen nicht gut entwickeln könnt.
Nehmt das doch einfach nicht für bare Münze. Schenkt
dem keine Glauben. Ihr könnt es schaffen.

Bist du religiös erzogen worden?
Nein, bin ich nicht. Aber wenn ich mich als Kind mit mei-

nen Büchern und Alfi, meinem Hund, in den Wald zurückzog, um zu lesen, spürte ich, dass alles unerwünschte Äußere – mein Heimweh nach der Oma, die Gedanken, ob ich überhaupt gewollt bin – aufgehoben und vergessen war. Oben auf dem Baum hatte ich nur das Empfinden von etwas Großem, das trägt. Oben auf dem Baum war das ganz klar. Das habe ich bereits damals empfunden, aber es war für mich nicht mit Religion verbunden.

Das erinnert mich an den Buddha, der, nachdem er sein wohlbehütetes Leben hinter sich gelassen und verschiedene Lehrer aufgesucht hatte, aber weder in einer asketischen noch in einer philosophischen Lebensweise fand, was er suchte, sich daran erinnerte, dass er als Kind einmal unter einem Baum gesessen und anstrengungslos tiefen Frieden erlebte hatte. Diese Erinnerung war dann so bedeutend für ihn, dass er beschloss, sich unter einen Baum zu setzen und nicht eher aufzustehen, bis er Erleuchtung erlangt hätte.

Vielleicht geht es ja vielen Kindern so, dass sie solche Erfahrungen machen, die dann wieder vergessen werden. Aber um noch einmal auf die Frage zurückzukommen: Ich weiß nicht, ob ein Mensch aus schwierigen Verhältnissen eher dazu fähig ist, hilfreich zu wirken. Da gibt es doch auch sehr viele andere Beispiele. Auch dem Buddha ging es ja gut, er hatte alles, war umgeben von Wohlstand und Luxus, hatte eine Frau, ein Kind, aber er war nicht zufrieden. Er merkte, dass das nicht alles ist. Es ist interessant, zu sehen, dass es so viele Parallelen gibt zwischen Shakyamuni Buddha, der diese Lebensweise verlassen hat und mit einer Bettelschale, einem Flickengewand und gleichgesinnten Mönchen unterwegs war, und dem heiligen Franziskus, der genau das Gleiche tat.

Er war der geliebte Sohn eines reichen Tuchhändlers, der durch die Kreuzzüge und den Handel mit Stoffen aus dem Orient noch reicher wurde und ihn gern am Königshof gesehen hätte. Doch Franziskus merkte, da fehlte etwas, und er machte sich mit der Bettelschale und dem Rupfensack auf den Weg und fand die Fülle im Nicht-Haben, im Nicht-Besitzen. Mir scheint, dass Armut bei Franziskus keine asketische Übung war. Er freute sich über die Fülle, die da ist.

Ich habe kürzlich in dem Buch Ungläubiges Staunen *von Navid Kermani gelesen, dass Franziskus sich in Zeiten radikaler, gewalttätiger christlicher Intoleranz – Stichwort Kreuzzüge –wohl als jemand erwiesen habe, der Freundschaft und Austausch mit Muslimen gepflegt, also die Grenzen der eigenen Religion überschritten und Brücken zu einer anderen geschlagen habe. Auch von daher stehst du in einer guten Tradition und hast diese Grenzüberschreitung ja in deinem eigenen Leben später auch vollzogen.*

Auf dem Weg zur Berufung

Ursula Richard: *Seit wann wusstest du, dass du im Kloster leben willst?*

Schwester Theresia: Die meisten meiner späteren Mitschwestern im Kloster kamen aus einem religiösen Umfeld, waren katholisch aufgewachsen und wurden von den Eltern angeleitet. Das war bei mir nicht so. Aber in der Internatsschule gab es nachmittags immer Lernstunden. Eines Tages sollten wir für den Geografieunterricht etwas aus einem Zeitschriftenstapel ausschneiden. In diesen Stapel hatte sich eine Broschüre namens »Theresienkalender« verirrt, die handelte von Therese von Lisieux. Ich las diesen Bericht über ihre letzten Stunden. Sie starb bereits mit 24 Jahren an Tuberkulose. Ihre leiblichen Schwestern lebten im selben Kloster wie sie und hatten den Bericht verfasst. Sie beschreiben, wie Therese, durch die Krankheit bedingt, nur schwer atmen konnte. Während ihrer letzten Minuten beugte sie sich über den Rand ihres Bettes, schaute, als ob sie etwas sehen würde, und sagte: »Mein Gott, ich liebe dich!« Das waren ihre letzten Worte. Und als ich das las, fiel es mir wie Schuppen von den Augen.

Es ist nicht logisch, dass man anhand eines solchen Textes zu einer solchen Einsicht gelangt. Aber in mir war plötzlich eine vollkommene Klarheit, dass das existiert, was damals als Gott bezeichnet wurde. Ich weiß gar nicht, wie ich es ausdrücken soll. Aber die klare Lebendigkeit konnte ich nicht leugnen. Da war so viel Liebe, dass ich nur Hals über Kopf antworten konnte. Mit allem, was zu mir gehörte, konnte ich dann nur noch Antwort sein. Etwas anderes als das Klosterleben war mir damals nicht bekannt, um mit aller Konsequenz auf diese Erfahrung zu antworten. Das Internat, in dem ich zu der Zeit war, wurde von Schwestern des Maria-Ward-Ordens geleitet. Sie wurden auch als Englische Fräuleins bezeichnet. Ich wollte in ein sehr viel strengeres Kloster, so wie bei den Karmelitinnen.

Damals war ich elf Jahre alt, und von diesem Augenblick an war mir das klar. Das hat sich bis heute nicht geändert. Ich konnte schon damals die Dinge, die uns im Religionsunterricht vermittelt wurden, kaum mit meiner eigenen Erfahrung zusammenbringen. Der Unterricht war trocken und leer und stand in keinem Zusammenhang mit meinem Erleben.

Wie hast du deine Idee, ins Kloster zu gehen, weiterverfolgt?
Mit vierzehn war ich in den Ferien zu Besuch bei meiner Oma. In Lienz gab es eine Bibliothek und dort arbeitete

eine Schwester. Ich fragte sie nach ihrem Orden. Das war
mein erster Kontakt zu den Tertiarschwestern des heiligen Franziskus. Ich erzählte ihr von meiner Situation, dass
ich gern in einen Orden eintreten würde, aber dass meine
Angehörigen entsetzt seien und nicht wollten, dass ich in
Kontakt damit geriete.

Sie erzählte mir von einer Schwester, deren Vater ebenfalls ein Kirchengegner sei, sich politisch sehr bei den So-
zialisten engagiere und sich für seine Tochter alles andere
gewünscht habe als den Eintritt in ein Kloster. Sie habe
Ärztin werden wollen, habe beim Kloster angefragt, doch
dort habe man Lehrerinnen haben wollen, also habe sie
Lehramt studiert, sei aber schon vorher dem Orden der
Tertiarschwestern des heiligen Franziskus in Hall beigetreten, ohne ihren Eltern davon zu erzählen. Während ihrer sechsmonatigen Kanditatur- oder Postulatszeit hätten
ihre Eltern dann herausgefunden, wo sie war. Einen Tag
vor ihrer Einkleidung sei der Vater nach Hall gekommen
und habe gesagt, er werde die Polizei holen, wenn sie nicht
mitkomme. So habe sie einen Tag vor der Einkleidung das
Kloster verlassen müssen. Sie habe dann ihre Ausbildung
zur Lehrerin beendet und sei sofort, als sie volljährig war,
wieder ins Kloster eingetreten. Das war Schwester Maria
Michaela, die für mich noch eine große Bedeutung bekommen sollte.

Gab es im Internat Ordensschwestern, die dich verstanden?
Eine Schwester nahm sich viel Zeit für mich. Früher war die Internatsschule eine Anstalt für höhere Töchter gewesen. Die Schwesternschaft, aber auch viele Schülerinnen waren aus adeligen Familien gekommen. Zu meiner Zeit traf das noch auf eine gewisse Anzahl von Nonnen zu. Eine der älteren Schwestern bedauerte einmal, dass dies nicht mehr so sei und man nun ganz normale Mädchen im Hause hätte. Eine andere Schwester jedoch hatte einen weiten geistigen Hintergrund und befasste sich auch mit anderen Religionen. Sie kannte die apokryphen Schriften. Sie führte mich bereits mit elf Jahren zur Meditation. Damals nannte man das Betrachtung, zwar anhand von Bildern, aber schon mit dem Fokus auf den *einen* Raum.

Wie ging es dann nach der Schule für dich weiter?
Ich schloss die Schule mit der mittleren Reife ab und blieb noch ein Jahr für ein Praktikum. Eine der Schwestern leitete einen Kindergarten. Ein solches Praktikum war Voraussetzung für die Aufnahme an der Akademie für Sozialpädagogik. Danach ging ich nach München und lebte im Studentenheim »Santa Maria« in Pasing und fühlte mich dort sehr wohl. Ich studierte Sozialpädagogik und traf Studentinnen, die teilweise schon seit Jahren Ordensschwestern waren. Mit ihnen hatte ich einen für mich wichtigen Austausch. Sie begannen bereits, einiges, was

die Institution Kirche betraf, zu hinterfragen. Das war für mich sehr spannend und herausfordernd zugleich.

Was hat dich dann dazu gebracht, in den franziskanischen Orden einzutreten?
Ich begann, mich für die Spiritualität in den verschiedenen Orden zu interessieren. Eine Schwester erzählte mir von einer Zisterzienserinnenabtei in der Nähe von Augsburg. Dort gab es hin und wieder Einführungstage. Ein Wochenende lang konnte man Schnupperlehrling im Kloster sein. Das faszinierte mich. Ich spürte einen starken Hang zu einem kontemplativen Orden und überlegte, ob es mich eher zu den Zisterzienserinnen in Oberschönenfeld oder zu den Kleinen Schwestern von Charles de Foucauld hinzog.

Die Zisterzienserinnen kennen das vierte Gelübde der *stabilitas loci*. Es besagt, dass man ein Leben lang am gleichen Ort bleibt. Die Kleinen Schwestern verfolgen zwar ebenso eine nicht abgelenkte völlige Hingabe, aber sie bleiben nie länger als ein Jahr an einem Ort. Sie leben nicht in festen Klöstern, sondern meistens in kleinen Gruppen mitten unter den Menschen, und sie verdienen ihren Lebensunterhalt mit gesellschaftlich gesehen eher niederen Tätigkeiten wie Putzen oder Fabrikarbeit. Auch wenn sie mitten in der Welt leben, verstehen sie sich als kontemplativer Orden und in einer tiefen Gottverbundenheit stehend.

Ich besuchte aber auch die Franziskanerinnen in Hall. Sie verfolgen einen Weg, wie ihn der heilige Franziskus vorgelebt hat, der ja auch der Schutzpatron der Tiere ist. Dort spürte ich dann für mich eine sehr starke Resonanz. Von allen christlichen Heiligen hat Franziskus von Assisi am meisten das Universelle gesehen. Er bezog die Tiere in seine Gottesnähe mit ein und sah in ihnen das göttliche Wirken. Er kommt der geschwisterlichen Begegnung mit Tieren am nächsten. Das war ein wichtiger Grund für meine Entscheidung.

War es eine einfache Entscheidung oder gab es etwas, was für dich schwierig war?
Wenn man in ein Kloster eintritt, hat man sich normalerweise lange auf diesen Schritt vorbereitet und trotzdem fällt den meisten an ihrem Eintrittstag dann irgendetwas ein, worauf sie verzichten müssen, und das ist nicht immer einfach. Für mich war es schwierig, meinen Hund Alfi, den ich von meiner Oma bekommen hatte, zurückzulassen und die Gewissheit zu ertragen, nie wieder so mit einem Hund zusammenleben zu können.

Es gab aber auch etwas, von dem ich mich einfach nicht trennen konnte: Bevor ich ins Kloster eintrat, habe ich meist Jeans getragen, Levis 501. Ich habe eine Hose ins Kloster reingeschmuggelt und dort dann oft unter dem Ordensgewand getragen. Manchmal lugten die blauen

Hosenbeinränder etwas unter dem Ordenskleid hervor. Ich bin so dankbar für die Toleranz der Schwestern, die das natürlich mitbekommen und nichts gesagt haben.

Wie war der Einstieg ins Klosterleben für dich?
Die Postulantenzeit in München war schnell vorbei, und es kam die Einkleidung im Kloster Hall am 29. Oktober 1978. Es folgten zwei Noviziatsjahre. Wir waren zwei Neulinge: Schwester Maria Christiane aus Frankreich und ich. Wir gehörten zu den wenigen, die nicht aus Tirol kamen. Zwei intensive, stille Jahre waren das. Zu dieser Zeit lebten 90 Schwestern im Haus. Wir zwei Novizinnen durften zwei Jahre lang mit keiner Schwester sprechen, nur mit der Novizinnenmeisterin, das heißt mit der Oberin, und miteinander. Damit jede ganz bei sich blieb, sind uns manchmal die Arbeitsaufträge früh am Morgen getrennt übergeben worden. Die Oberin erklärte uns, dies diene dazu, dass jede von uns die Entscheidung für ein Klosterleben ganz aus sich heraus treffe. Wir sollten unsere Berufung, unbeeinflusst und nicht manipuliert durch andere, selbst erkennen. Das war sehr hilfreich für mich.

Vorher war ich immer sehr glücklich mit meinen Büchern gewesen und hatte wenig Erfahrung in den praktischen Dingen des Lebens. Doch im Kloster lebten viele Schwestern aus landwirtschaftlichen Betrieben. Die Novizinnenmeisterin war eine Hauswirtschaftsmeisterin, eine sehr praktische Frau. Ich hatte noch nie einen Besen in der Hand gehabt. Damals gab es keine Pluspunkte, wenn man mit einem Buch unterm Arm erwischt wurde. Wir wurden überall dort, wo die Novizinnenmeisterin meinte, wir könnten still und in Abgeschiedenheit nützlich sein, eingesetzt. Wir putzten im Haus, wuschen in der Küche ab, verrichteten Gartenarbeiten auf dem klostereigenen Friedhof und fertigten Gestecke an. Aber wir hatten auch regelmäßig Unterrichtsstunden bei ihr und Studierzeiten in der Noviziatsbibliothek. Manchmal kamen Franziskanermönche hinzu, um uns in bestimmten Themen zu unterweisen.

Wie hast du diese erste Zeit im Kloster erlebt?
Es war eine dichte, intensive Zeit. Einerseits ein kompletter Rückzug, andererseits gab es gar nicht so viel Zeit, sich zurückzuziehen. In der Heilig-Geist-Kirche gab es das Patrozinium und regelmäßige Anbetungstage. Zu Pfingsten öffnete das Patrozinium für drei ganze Tage zum Zwecke der Anbetung. Ich merkte schon damals, dass ich diese Anbetungsstunden liebte, doch ich hätte mir gewünscht, einfach nur da und ganz in dieser *einen* Gegenwart sein zu können. Mich störte es, wenn nach Angaben gebetet wurde wie: »Jetzt schlagen wir Seite soundso auf …« und »Jetzt diese Litanei« und »Dann dieses Gebet« … Ich fand das so ablenkend, doch ich traute mich nicht, etwas zu sa-

gen, denn alle anderen waren mit ganzem Herzen dabei. Mir wäre die totale, erfüllte Stille am liebsten gewesen.

Natürlich habe ich alle nur verfügbaren Bücher gelesen. Um acht abends fing immer das große Stillschweigen an und um neun hätten wir alle das Licht löschen müssen. Aber ich habe meinen großen schwarzen Fledermausmantel vor die Tür gehängt und weitergelesen. Bedauert habe ich sehr, dass uns die wirklich guten mystischen Schriften nicht zugänglich waren. Sie standen in der großen Klosterbibliothek und waren für uns Novizinnen nicht ausleihbar. Besonders ein Buch zog mich schon durch seinen Titel sehr an: *Das Licht der fließenden Gottheit* von Mechthild von Magdeburg. Ich bat immer wieder unsere Novizinnenmeisterin, es lesen zu können, aber sie sagte: »Nein, du musst erst deine Profess machen. Vorher ist das nicht möglich.« Auf meine Frage, warum, antwortete sie, dass man leicht abheben und sich in eine nicht geerdete Begeisterung reinsteigern könne. Es sei besser, auf dem Boden zu bleiben und die Berufung konkret in dem zu leben, was da ist.

Am Professtag hatte meine Mitschwester viele Besucher, denn sie kam aus einem sehr religiösen Haus. Ich hatte nur wenige. Und so führte mein erster Weg in die Bibliothek zu diesem Buch. Das lange Warten darauf hatte sich für mich gelohnt. Mechthild von Magdeburg hat mit »fließende Gottheit« einen Begriff gefunden, der von einem personalen Gottesbild wegführt. Sie wagte es, ihre mystischen Anschauungen gegenüber den kirchlichen Obrigkeiten zu vertreten. Mir fiel damals schon auf, dass sie die Hölle nicht als einen fixen Zustand betrachtete. Für sie war ganz klar, dass es eine totale Trennung von Gott nicht gibt, und diese Auffassung entsprach überhaupt nicht dem Verständnis der damaligen Theologie. Ihre Vision war, dass Menschen, wenn sie mehr Zugang zum Göttlichen hätten und stärker mit Gottes Gegenwart verbunden lebten, keine Priesterschaft mehr benötigten. Sie bräuchten dann niemanden mehr, der zwischen ihnen und Gott vermittelte, denn alle Menschen trügen dieses tiefe Wissen in sich. Mich wundert immer noch, dass Mechthild damals unangefochten blieb, denn diese Sichtweise machte kirchliche Würdenträger ja praktisch überflüssig. Sie lebte im zwölften Jahrhundert, also noch vor der Zeit der Hexenverbrennungen.

War dein Interesse zu jener Zeit auf die christliche Mystik beschränkt?

Zunächst war mein Interesse auf die christliche Mystik beschränkt. Aber man findet darin meines Erachtens letztlich auch alles. Die Unterschiede zwischen den Religionen formuliert ja die Theologie. Die theologischen Grundsätze sind entstanden, um sich von anderen abzugrenzen und die Lehre rein zu halten. Aber in der Erfahrung geht es doch wunderbar zusammen. In der Erfahrung ist trotz unterschiedlicher Begriffe ein Wiedererkennen möglich. Wenn man zum Beispiel die Schriften von Zen-Meister Dogen und Meister Eckhart vergleicht, könnte man meinen, sie hätten sich gekannt. Sie lebten zur gleichen Zeit, begegneten einander aber nicht, und doch scheinen mir ihre Lehren so ähnlich, von einem gleichen Verständnis durchdrungen.

Dienst am Nächsten

Ursula Richard: *Der franziskanische Orden ist ja, wie du beschrieben hast, kein kontemplativer Orden, sondern einer, bei dem Arbeit und der Dienst am Nächsten eine große Rolle spielen. In welchen Bereichen hast du deine Aufgabe gefunden?*

Schwester Theresia: Nach den zwei Noviziatsjahren folgte ein drittes, ein Juniorat. Wir beiden Novizinnen arbeiteten in diesem Jahr im Pflegeheim, das dem Kloster angeschlossen war. Wir übernahmen Betreuungs- und Reinigungsaufgaben, durften aber auch manchmal bei den Sterbenden sitzen. Wenn die Krankenschwestern tagsüber Dienst hatten, hatten sie nachts oft nicht mehr die Kraft, bei den Sterbenden zu sitzen. Dann durften wir bleiben. Es war sehr lehrreich für mich, mit den Sterbenden an dieser Schwelle zu warten und mit ihnen zusammen zu spüren, dass es gut ist, dass es ein Heimkommen ist. Alle Patienten und Patientinnen, die ich in dieser Zeit in ihrem Sterben begleiten konnte, sind irgendwie leicht gegangen. Manche hatten auf einmal viel jüngere Gesichter als vorher. Damals wusste ich noch nichts über Sterbebegleitung.

Von den alten, pflegebedürftigen Menschen ging es dann zu den jungen.

Ja, aus der klösterlichen Stille wurde ich in ein Heim in Axams geschickt, in der Nähe von Innsbruck, zwanzig Kilometer von Hall entfernt. Geleitet wurde es von den Kapuzinern. Es war ein Vorzeigeheim für Menschen mit Körperbehinderung. Ich blieb vier Jahre. Es gab dort fünf Wohngruppen. Die jüngsten Bewohner waren um die zehn Jahre alt, die ältesten 25. Ich selbst war 22 Jahre alt und kam zu einer Wohngruppe mit älteren Jungen. Manche waren älter als ich. Sie waren geistig völlig normal, intelligent und wach und machten sich viele Gedanken über ihr Leben. Sie litten darunter, bei Freunden von früher zu sehen und zu erleben, wie diese sich ihr Leben aufbauten, Berufsabschlüsse machten, Familien gründeten, während sie selbst aufgrund einer Muskeldystrophie, einer spastischen Lähmung oder eines Unfalls im Rollstuhl saßen. Ich hatte zu dieser Zeit eine sehr fromme Einstellung und sagte den Jungs im Gespräch oft, dass sie die große Aufgabe hätten, das Leben, wie es ihnen gegeben sei, anzunehmen und für andere etwas mitzutragen. Sie sollten ihre Behinderung auf keinen Fall als Strafe betrachten – das war damals noch gängiges Denken –, sondern sich in guten Händen wissen. Auch so könnten sie ein wertvolles Leben führen. Doch einmal erwiderte ein Junge: »Schwester, sei du still, du hast ja zwei Beine, auf denen du stehen kannst!«

Es gab eine große Kapelle im Haus, und es war üblich, werktags und sonntags zur Messe zu gehen. Dafür weckten und wuschen wir die Jungs, zogen sie an und brachten sie – größtenteils gegen ihren Willen – in die Kapelle. Jungs, die hätten laufen können, hätten sich wohl bald verabschiedet und gesagt: »Nein, danke!« Es war üblich, abends in der Hausgruppe länger gemeinsam zu beten. Ich suchte damals schon Texte aus der Befreiungstheologie aus, Texte, die die Jungen verstehen konnten, die ihnen etwas sagten. Einige von ihnen waren sehr fromm. Einer sprach von Jesus als seinem Freund, der ihm auch bei seinem Leben im Rollstuhl eine Stütze sei. Ein vierzehnjähriges Mädchen aus einer anderen Gruppe hatte einen Hirntumor, konnte irgendwann nicht mehr im Rollstuhl sitzen und wurde auf eine Liege gebettet. Kurz vor ihrem Tod sagte sie, mit ihrem Leben würde sie eine Last abtragen, die andere nun nicht mehr tragen müssten. Das fand ich für ihr junges Alter eine sehr beeindruckende Sicht.

Die meisten hatten keine Angst vor dem Sterben. Ein kleinerer Junge mit Muskeldystrophie war oft sehr verschleimt und konnte nicht gut atmen. Er lag auf dem Bauch und wurde abgesaugt. Er war einige Male dem Tod nahe und wurde in der Klinik immer wieder zurückgeholt. Eines Tages sagte er, das solle nicht mehr geschehen, er fürchte sich nicht und würde an einen guten Ort gehen. Für viele war es aber auch schwierig. Thomas, ein sechzehnjähriger Junge, war ohne Arme und Beine auf die Welt gekommen. Er war intelligent und hatte viele Talente. Er wollte betont selbständig sein. Manchmal, wenn wir unterwegs waren, begegneten wir Menschen, die bei seinem Anblick etwas tun wollten und zugleich hilflos waren. Dann geschah es, dass sie ihre Geldbörse zückten und etwas in seinen Rollstuhl legten. Und Thomas begann zu schreien und sich darüber aufzuregen, warum man mit ihm nicht wie mit einem normalen Menschen reden würde und stattdessen mit ihm umginge, als hätte er keinen Verstand. Ich sagte ihm dann: »Schau, das sind die Leute, die es eigentlich gut meinen. Sie sind wenigstens wohlwollend, wenn sie es auch falsch ausdrücken. Es gibt auch andere, denen es überhaupt nicht nahegeht, die einfach nur froh sind, dass sie selbst gesund sind.« Doch für einen Sechzehnjährigen war das schwer zu akzeptieren. Wir hatten viele Diskussionen. Er meinte, sein Körper sei ein Unfall der Natur, dem er trotzen wolle. Wenn sein Becher umgefallen war, wollte er selbst aufwischen. An seiner Hose war hinten ein Lederflecken aufgenäht. Er rutschte dann vom Sessel, robbte bis zum Putzlappen und packte mit seinen Stümmelchen das Tuch. Er wollte unabhängig sein. Er hatte nicht behinderte Geschwister und sagte mir eines Tages, dass er seiner Mutter dankbar dafür sei, ihm manchmal genauso wie seinen Geschwistern eine Ohrfeige gegeben zu haben. Sie machte da keinen Unterschied.

Wie ging es dann nach vier Jahren für dich weiter?

Die Kapuziner hatten in Fügen im Zillertal noch ein zweites Heim für erziehungsschwierige Jungen. Es wurde die Bubenburg genannt. Und es war wirklich eine Art Burg, allerdings mitten im Dorf, mit Gewölbegängen, einem Innenhof und einer großen Burgmauer. Dieses Kinderhilfswerk war 1920 gegründet worden, und zunächst wurden viele Waisenkinder aufgenommen. Kinder, die ihre Eltern im Krieg verloren hatten, auch Säuglinge.

Als ich dorthin kam, gab es keine Waisenkinder mehr. Das Jugendamt hatte die Jugendlichen, die jetzt dort lebten, den Eltern weggenommen und sie in dieses Heim gebracht. Sie hatten ein Schulverbot für die Schule am Ort, weil sie sich durch ihr Verhalten als nicht tragbar für den Unterricht erwiesen hatten. Sie wurden also in der Heimschule unterrichtet. Auch dort gab es Familiengruppen. Jede Schwester hatte dreizehn Jungen im Alter von acht bis sechzehn Jahren zu betreuen. Manche beendeten die Schule erst mit sechzehn oder später, weil sie durch Sitzenbleiben oder Herumstreunen Zeit verloren hatten. Der ganze Tag bestand eigentlich für uns Schwestern daraus, ihnen eine Mutter zu ersetzen. Das Einzige, was wir nicht selbst leisten mussten, war kochen. Ansonsten bestand unsere Arbeit auch aus Lernzeiten und sportlicher Betätigung mit den Jugendlichen. Wir fuhren mit ihnen Ski, wir brachten sie zum Fußball, wir mussten fit sein, um beim

Radfahren mithalten zu können. Ich habe dafür extra trainiert. Wir versuchten, ihnen Stabilität zu vermitteln und gleichzeitig Grenzen zu setzen, damit sie sich nicht zusätzlich Schwierigkeiten einhandelten.

Nicht alle von ihnen durften nach Hause, aber einige hatten einmal im Monat einen Besuchssonntag. Etliche kamen nach einem solchen Wochenende aufgrund der chaotischen Familiensituation verwirrt zurück, während andere traurig waren, ins Heim zurückkehren zu müssen, und ihre Familie, oft die Mutter, in rosaroten Farben malten. Die Väter fehlten oft. Manche Kinder durften zu Hause alles tun, die ganze Nacht fernsehen, Pizza und Fast Food essen und sie haben diese Freiheit natürlich als wunderbar erlebt.

Zwei Jungs hatten eine Mutter, die durch Kinderlähmung eine leichte Gehbehinderung hatte. Sie arbeitete als Prostituierte und die Freier kamen in die Wohnung, die nur aus einem Zimmer bestand. Die Jungs mussten also weg, fanden ältere Freunde in der Stadt und wurden bei Einbrüchen erwischt. So kamen sie ins Heim. Und trotzdem hätten sie nie etwas auf ihre Mutter kommen lassen. Einerseits waren sie über die regelmäßige Versorgung im Heim froh, andererseits vermissten sie das freie Leben in der Stadt und die Akzeptanz durch ältere Jungs. Sie empfanden es als Frechheit, früh aufstehen, die Zähne putzen und zur Schule gehen zu müssen.

Du warst selbst noch sehr jung damals. Woraus hast du denn deine Autorität gegenüber den Jungs bezogen?

Ich weiß eigentlich gar nicht, wie das geklappt hat. Wir hatten größtenteils eine sehr gute Beziehung miteinander. Nachdem ich selbst die Erfahrung gemacht hatte, ohne intaktes Elternhaus aufzuwachsen, wollte ich ihnen viel Liebe und Unterstützung geben, um ihnen zu zeigen, dass sie die Kraft in sich hatten, sich zu entwickeln und ein gutes Leben zu führen. Das hat mir die Kraft gegeben, es umzusetzen.

Was waren in dieser Zeit sonst deine Kraftquellen? Es war ja kein kontemplatives Leben mit Rückzugs- oder Ruhephasen, sondern du warst 24 Stunden am Tag gefordert.

Ja, es war ein sehr aktives, aber auch aufreibendes Leben. Wir waren den ganzen Tag für die Kinder da. Es ging von früh bis spät abends. Wenn die Kinder abends in die oben gelegenen Schlafräume gingen, war noch lange nicht Ruhe. Wir schliefen ja nur durch eine dünne Bretterwand getrennt von ihnen und bekamen so alles mit. Ins Bett gekommen bin ich nie vor Mitternacht. Doch auch in der Nacht war oft noch etwas zu tun. Es gab Bettnässer, andere hatten Heimweh oder waren krank. Einige wollten weglaufen, andere veranstalteten Kissenschlachten. Wir waren immer gefragt. Aber ich habe jede freie Minute genutzt, um ein gutes Buch zur Hand zu nehmen. Dort gab es allerdings zunächst gar keine Bücher. Manchmal ergab es sich, dass ein Junge ins Krankenhaus begleitet werden musste. Dann habe ich vor dem Rücktransport schnell einen Abstecher in die städtische Buchhandlung gemacht, und meistens sprang mich dabei selbst in der Eile doch etwas Gutes an.

Die Kapuziner im Heim setzten sich sehr für die Kinder ein, aber andere Themen wie Schöpfung, Spiritualität und das Verhältnis zum Ganzen, die Beziehung zu den Tieren und zu dem *einen* Leben wurden bestenfalls belächelt. Es wurde erwartet, dass wir Schwestern uns im vorgegebenen Rahmen und fromm, wie es damals in Tirol üblich war, bewegten. Die Kinder sollten zur Andacht angeleitet und davon abgehalten werden, Papierflieger aus dem Gebetbuch zu machen.

Was mich wirklich interessierte, fand nur zwischendurch statt, zum Beispiel wenn ich mit den Kindern einen Film anschaute oder ein Buch über Quantenphysik las. Meine innere Kraftquelle war letztlich meine Ausrichtung auf die franziskanische Spiritualität: Eine kleine Schwester für andere zu sein, sodass man unterstützend und nützlich ist, am letzten Platz dienstbar zu sein und dort zu sein, wo man gebraucht wird.

Wie inzwischen bekannt ist, herrschten damals in vielen Heimen dieser Art recht rüde Sitten, Stichwort Schwarze Pädagogik, körperliche Misshandlungen, Missbrauch. Wie würdest du eure damaligen Erziehungsmethoden beschreiben?

Wir Schwestern haben uns sehr um diese Kinder bemüht. Bei aller Freude an der Arbeit, bei all unserem Engagement würde ich aber heute sagen, dass bei einer Gruppenstärke von dreizehn Kindern das einzelne Kind, wenn es nicht sehr durchsetzungsfähig ist, zu wenig Beachtung findet. Dinge, die Kinder sonst mit ihren Eltern ausmachen und die notwendig für die Abgrenzung sind, haben sie mit der jeweiligen Schwester in der Gruppe ausgemacht. Sonst war niemand da.

Wir Schwestern waren vollkommen auf uns gestellt und damit sicher oft überfordert, zumal ja auch niemand von uns eine entsprechende pädagogische Ausbildung hatte. Es gab keinerlei psychologische Begleitung, wir haben den Tag für die Kinder vielmehr so aktiv wie möglich gestaltet. Sportliche Betätigung sollte ihnen ermöglichen, sich mit Freude einzubringen. Sie sollten nicht steckenbleiben in dem, was sie in ihren jungen Jahren schon alles erlebt hatten. Teilweise durchlebten die Kinder extreme psychische Zustände. Und dann so viele Kinder zusammen. Es war nicht einfach und letztlich war es unmöglich, dem Einzelnen gerecht zu werden.

Was konntet ihr damals dann überhaupt tun, um den Kindern Raum für die eigene Entwicklung zu geben?

Jemand hatte dem Heim einen Bauernhof ohne Tiere geschenkt. Wenn Ferien waren und die Kinder nicht nach Hause konnten, fuhren wir mit den Jungen dorthin. Hier hatten sie ein reiches Betätigungsfeld und wir sahen, wie ihnen die Erfahrungen in der Natur guttaten. Es war eine ländliche Gegend mit vielen Bauernhöfen wie auch bei uns.

Ich sah, wie bei uns in der Gegend unerwünschte Katzen ertränkt oder gegen einen Baum geschlagen wurden. Auch Hunde wurden umgebracht. Ich sagte den Bauern, dass ich mich um solche Tiere gern kümmern würde. Die Jungen merkten irgendwann, dass ich nachts aufstand, um kleinen Kätzchen und Hundewelpen etwas Milch zu geben und sie wollten sich gern beteiligen.

In meiner Gruppe gab es einige Jungen, die in den Akten des Jugendamtes als gefühlskalt beschrieben worden waren. Diese Akten haben den Kindern fixe Stempel aufgedrückt. Gerade solche Jungs haben dann in einer coolen Art oft gesagt: »Hau mal so eine Flasche her. Ich will das auch mal machen.« So sind wir nachts und tagsüber, wenn sie Zeit hatten, losgezogen, um die Kätzchen und Welpen mit Milchfläschchen zu versorgen. Im Ort gab es ein Tierarztpaar, das sich deutlich von der Kirche abgewandt hatte. Trotzdem waren sie uns behilflich.

Wie haben sie euch helfen können?

Unserer Kindergruppe zuliebe haben sie sich dafür eingesetzt, gute Plätze für die Tiere zu finden, die wir aufgezogen haben. Die Orte waren meist nicht weit weg, sodass die Jungs die Tiere selbst zu den Leuten bringen konnten, wo sie einen Platz gefunden hatten. Jungs, die als gefühlskalt beschrieben worden waren, haben die Tiere mit feuchten Augen weggebracht. Durch den Umgang mit den Tieren war es ihnen möglich, sich selbst wieder ein bisschen zu öffnen. Wir hatten in unserer Gruppe auch Zebrafinken, ganz bunte, kleine Vögel. Sie kamen von Leuten, die sie nicht mehr haben wollten. Die Finken hatten ganz kleine Nistkästchen und fingen darin dann auch an zu brüten. Zu dieser Zeit waren die Jungs gerade von Heavy-Metall-Musik inspiriert, und es war manchmal wirklich anstrengend, wenn jeder auf seinem eigenen Radio diese Musik laufen ließ. Einmal sprach ich mit ihnen darüber, dass die laute Musik den brütenden Vögeln nicht guttue. Und sie, die sonst nur schwer zu bewegen waren, irgendetwas zu befolgen, drehten stillschweigend die Musik leiser. Aus dieser Begegnung mit den Tieren entstanden sehr schöne Dinge für die Kinder.

Die Arbeit mit den jedes Jahr neu dazukommenden Kindern wurde mit der Zeit aber immer schwieriger für mich. Mitunter stuften die Lehrer der heimeigenen Schule einen Jungen als nicht tragbar für die Schule, das Heim und die Gemeinschaft ein. Von den Jugendämtern aus gab es dann nur die Alternative der Unterbringung in einem geschlossenen Heim in Vorarlberg oder die Rückgabe an die Eltern, meist die Mütter. Das war ein großes Problem, denn die Mütter hatten es ja oft schon in jüngerem Alter nicht geschafft, das Kind gut zu betreuen. Und dann bekamen sie plötzlich einen größeren Jungen zurück und alles war noch schwieriger. Ich hörte davon, dass manchmal schon Dreizehn-, Vierzehn- oder Fünfzehnjährige total abstürzten und ins Drogenmilieu gerieten. Manche starben bereits in diesem Alter auf der Straße. Damals dachte ich mir, es müsste doch noch andere Möglichkeiten der Hilfe geben und suchte nach einer Neuorientierung.

Ich hörte dann davon, dass es an der Fachakademie in München eine Anschlussausbildung für Heilpädagogik gebe. Nach zehn Jahren praktischer Arbeit bat ich um die Erlaubnis, diese Ausbildung machen zu dürfen, denn ich erhoffte mir davon Antworten auf meiner Suche nach Möglichkeiten, die Kinder noch mehr zu unterstützen.

Wenn ich dir zuhöre, wie du über diese Zeit berichtest, drängt sich mir der Gedanke auf, ob ihr Schwestern da nicht in einer vollkommen überfordernden Situation gelebt habt. Sieben Tage die Woche, vierundzwanzig Stunden am Tag für die Kinder da zu sein, so etwas kann doch gar nicht gutgehen. Hattest du nie das Gefühl, dich da zugrunde zu richten?

Ich war damals damit einverstanden, auch oder gerade vor dem Hintergrund meiner spirituellen Ausrichtung. Den letzten Platz einzunehmen und Ja zu sagen zu jedem Augenblick und eben voll verfügbar zu sein – das war unser spirituelles Ideal, und es ist ja auch der Tenor in den Schriften von Franziskus.

Siehst du das heute immer noch so?
Nein, das sehe ich nicht mehr so. Wenn ich mich aber an die Literatur in der Noviziatsbibliothek erinnere, so waren es oft Anleitungen, die ein Vorbild gezeigt haben, und so wollte man eben auch sein. Es war für mich auch wichtig, einem Vorbild nachzustreben wie zum Beispiel Franziskus, dieser faszinierenden Persönlichkeit, unserem Ordensgründer. Da war immer die Ausrichtung, dass er das alles ja so wunderbar vorgelebt hat.

Es ging also darum, in seine Fußstapfen zu treten?
Ja, er ist ganz aufgegangen in der Nachfolge Jesu. Das war unser Ideal und zugleich war es unser Weg. Im Zen bin ich dann darauf gekommen, dass es sehr heilsam ist, ohne Bewertung und Beurteilung wirklich frei zu schauen, was da ist, weil man sonst unter Umständen gar nicht mitkriegt, was vielleicht alles noch so in einem schmort, und man möglicherweise Ja sagt zu dem, was man tut, obwohl es einem letztlich gar nicht entspricht. Das ist ja das Wun-

derbare am Zen, dieser Freiraum, sich alles anschauen zu können, ganz frei, und dabei doch auch gehalten zu sein, wenn man mit alldem konfrontiert wird, was man vielleicht lieber nicht sehen würde.

Und das auch ohne die ganzen spirituellen Ideale, in Bezug auf die man als normaler Mensch ja immer nur schlecht abschneiden kann.

Ja, aber damals hatte ich diese Ideale der Hingabe und Nachfolge und fand sie gut.

Wir sind einmal zu Besuch in ein Geschwisterheim nach Altötting gefahren. Das war auch ein Heim der Kapuziner mit Kindern ähnlich wie unsere. Doch die Schwestern dort hatten ganz andere Ansichten, sie haben Wert darauf gelegt, Freizeit und Ruhezeiten zu haben. Das war mir völlig neu, dass man so denken kann als Schwester.

Und fandest du das gut?

(Lacht) Eigentlich fand ich, dass wir viel besser auf dem Weg waren.

Siehst du das heute auch noch so?

Heute sehe ich das nicht mehr so.

Ich muss zugeben, dass ich damals wirklich zerbrochen wäre, wenn ich noch länger in der Bubenburg hätte arbeiten müssen. Ich war vollkommen erschöpft und mir fiel auch immer weniger ein, was ich hätte tun können, um die Kinder zu fördern. Der Schwung war weg. Ich war nur noch froh, wenn der Tag rum war.

Burn-out würde man das heute wohl nennen.
Ja. Beim Aufnahmegespräch an der Fachakademie habe ich angegeben, dass ich die Ausbildung machen wolle, um die mir anvertrauten Kinder besser unterstützen zu können. Die Dozentin sagte dann: »Ja, aber sicher wollen sie es auch, um sich nach diesen vielen Jahren etwas erholen zu können.« Ich fühlte mich … ja wie soll ich sagen … ertappt, ich glaube, das war mir bis dahin nicht bewusst gewesen, dass auch das ein Beweggrund war.

Ja, sich gut um sich zu kümmern zählt auch nicht zu den Tugenden, die man im Christentum pflegt.
Das war für Ordensleute nicht vorgesehen. Es ging nicht darum, in diesem Leben glücklich zu sein, sondern später im Himmel. Und so haben wir gelebt. Darum hat dieser Satz bei der ersten Zen-Unterweisung auch so bei mir eingeschlagen, als der Lehrer sagte, dass wir nicht warten müssten, bis wir tot seien, um Gott zu begegnen.

Harrie, der Beschützer in den ersten Lebensjahren

Familie, in der Mitte Mutter und Vater

Großmutter

Alfie, der treue Freund in Kindheit und Jugend

Einkleidung

Mit der Honda Rebel steigt die Mobilität

Rechte Seite unten: Mit dem Elektro-Auto unterwegs

Mit Bruder David und Vanja Palmers 2004 im Kloster Hall

Nuria und Marlon

© AZ

© CB

Mariechen

Anton

© CB

Die Minipig-Familie

© CB

Nandi mit Freundinnen

Nandi

Joggeli

Olga

Momo

© CB

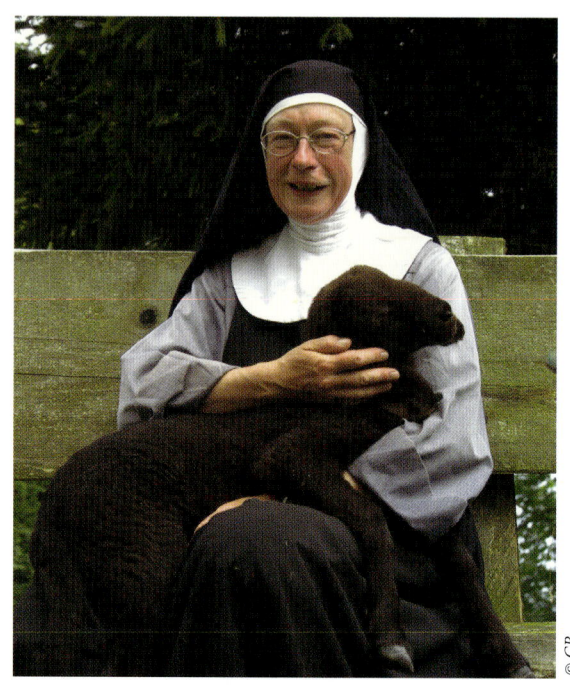

Lämmchen

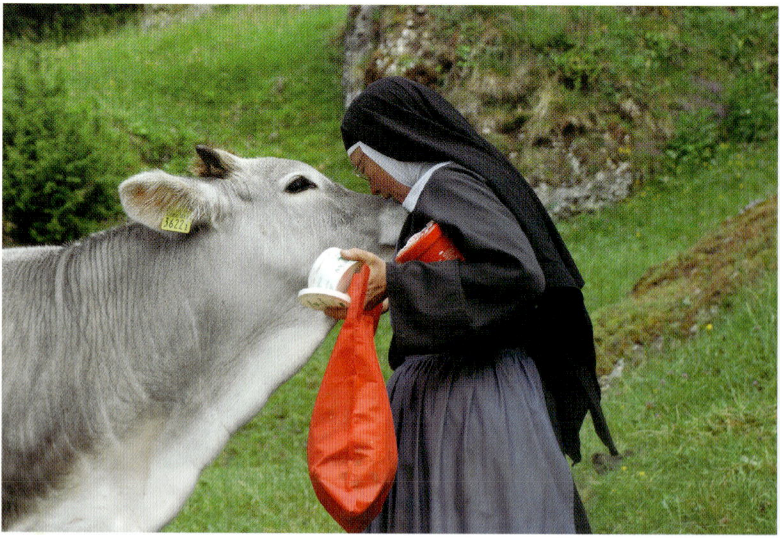

Sömmeringskuh

© CB

© CB

Blick vom Felsentor

Schwester Theresia und Ursula Richard

Auf zu neuen Ufern

Ursula Richard: *Die Weiterbildung zur Heilpädagogin war also in mehrfacher Hinsicht ein sehr wichtiger Schritt für dich.*

Schwester Theresia: Ja, 1993 ging ich dafür nach München und dachte anfangs, mit neuen Ideen und Erkenntnissen an die Bubenburg zurückzukehren, aber durch ein Praktikum kam es anders.

Teil der Heilpädagogikausbildung war ein halbjähriges Praktikum. Ich kannte von meinen ersten Jahren in München die große psychiatrische Klinik in Haar. Eine Mitstudentin arbeitete damals dort. Ich besuchte sie und lernte den Ort und die dortige Arbeitsweise kennen. Ich fand einen Praktikumsplatz in der Forensik. Dort gab es einen nach Männern und Frauen getrennten Hochsicherheitstrakt. Ich arbeitete bei den Frauen und merkte, dass ich mich in diesem Bereich gern weiter einsetzen wollte. Auf der Station arbeiteten Pflegerinnen und Pfleger, die von anderen Stationen gekommen waren und sich mit psychischen Krankheiten wie Schizophrenie und anderen psychotischen Zuständen auskannten.

In der Forensik waren die Insassen aber ja nur, weil sie zum Tatzeitpunkt nicht zurechnungsfähig gewesen waren. Das führte häufig zu Konflikten. Mir fiel auf, was es mit den Menschen macht, wenn man sie nicht als Menschen betrachtet, sondern nur als jemanden, der eine Strafe abzusitzen hat. Mir wurde gesagt, dass man hier keine Heilpädagoginnen brauche, weil die Leute ja nur ihre Haftzeit nach Unterbringungsparagraf 63 absäßen.

Als ich Wachsmalkreide mitbrachte, die Frauen zu bestimmten Themen ohne Anleitung etwas gestalten ließ und sie miteinander in Kontakt brachte, war das ganz neu für sie. Um sie näher kennenzulernen, machte ich am Anfang in der Arbeitstherapie mit. Diese bestand zum Beispiel darin, Kopfhörer für Fluggesellschaften zu überziehen, eine Arbeit wie am Fließband. Mir fiel auf, dass bei dieser Arbeit die Zeit einfach nicht verging. Ich dachte manchmal, meine Uhr wäre stehengeblieben. So merkte ich, unter welchen Bedingungen die Menschen dort arbeiteten.

Am Anfang bekam ich Informationen über die Taten der Patientinnen. Die meisten hatten Morde verübt. Es gab aber auch Frauen und Männer, die infolge eines anderen Unterbringungsparagrafen hier waren und tatsächlich psychische Störungen wie Borderline hatten. Es kam vor, dass ein Patient plötzlich einem anderen eine Ohrfeige verpasste, weil Stimmen ihm das gesagt hatten. Ich bewunderte die Menschen, die all dies aushielten, und dachte: Wenn man nicht vorher schon krank war, wird man es hier. Ich war froh, wenn ich abends die Station wieder verlassen konnte, denn es war eine große Schwere spürbar.

Trotz des Hochsicherheitstraktes gab es auf der Station immer Substanzen, obwohl das Personal wie die Patienten täglich eine Schranke passieren mussten. Besucher wurden ebenfalls vorher durchsucht.

Wurdest du als katholische Nonne dort geachtet?
Am Anfang wurde misstrauisch beobachtet, ob die Patientinnen mich wohl aushalten würden. Aber schon bald war das Eis gebrochen. Eine Patientin war am Anfang aggressiv mir gegenüber und erzählte mir, dass sie in einem Kinderheim aufgewachsen sei und sehr schlechte Erfahrungen mit Nonnen gemacht habe. Sie wollte nicht, dass ich auf ihrer Station war. Ich sagte ihr, das würde ich verstehen und ich würde mich bemühen, ihr nicht über den Weg zu laufen. Ich sei ja nur zum Praktikum dort und wolle sie nicht belasten. Aber später suchte sie oft meine Nähe und es waren schöne Gespräche möglich.

Ich blieb ein halbes Jahr. Die Stationsleitung ließ mich wissen, dass Gespräche mit den Patientinnen nicht erwünscht seien. Die meisten Patientinnen seien sehr manipulativ und würden Unwahrheiten erzählen. Man würde sich nur in Geschichten verstricken.

Mir lag daran, ihnen als Menschen zu begegnen, die durch irgendeinen Grund in diese Situation gekommen waren. Das berührt Fragen von Karma, Schuld und Verantwortung. Ich sah: Das sind Menschen wie du und ich. Kleine Details auf dem Lebensweg können dazu führen, das Leben auf diese Weise zu drehen. Wenn ich manchmal hörte, was passiert war, traute ich das der betreffenden Person wirklich nicht zu.

Nach dem Praktikum beendete ich die Weiterbildung zur Heilpädagogin und bekam das Angebot der Akademie, als Praxisanleiterin für neue Studierende in der Lehre zu bleiben. Ich brachte ja die notwendige Vorerfahrung durch meine Heimpraxis mit. Wie hätte ich das aber dem Orden erklären können? Denn es hätte ein Leben in München bedeutet, außerhalb der Ordensgemeinschaft. Das erschien mir damals nicht möglich. Ich sah aber auch, dass ich mit meinem neuen Wissen nicht zurück in die Bubenburg konnte. Man konnte dort nicht eine Gruppe betreuen und gleichzeitig einen therapeutischen und psychologischen Ansatz verfolgen. Diesen Spielraum gab es in der konkreten Arbeit mit den Kindern damals gar nicht.

Bei der Begegnung mit den Menschen auf der forensischen Station in Haar habe ich gespürt, wie sehr es mich zu denjenigen zieht, die in der Gesellschaft wirklich keine Chance mehr haben. Schon von München aus hatte ich mich bei der Caritas beworben, weil ich davon gehört hatte, dass sie eine Notschlafstelle für Schwerstdrogenabhängige direkt am Hauptbahnhof in Innsbruck eröffnet hatten. Ich hatte Glück und wurde unter vielen Bewerberinnen und Bewerbern ausgewählt. Das war 1995.

Arbeiten am Rand der Gesellschaft

Ursula Richard: *Sich um die zu kümmern, die keine Chance haben und auch von der Gesellschaft meist große Ablehnung erfahren, bedeutete ja, dass du deinen spirituellen Idealen auch nach deiner Ausbildung treu geblieben bist. Du hast interessanterweise ja nun mit Menschen zu tun gehabt, von denen manche vielleicht als Jugendliche in Heimen wie der Bubenburg gelebt haben und dann tief abgestürzt sind. Welche Bedingungen hast du dort vorgefunden.*

Schwester Theresia: Eröffnet wurde diese Notschlafstelle 1992. Ihr Gründer, Dr. Josef Windischer, Jussuf genannt, hatte die »Mentl-Villa« – es war ein Abbruchhaus, das er und eine Gruppe engagierter Leute einfach besetzt hatten – in Eigeninitiative aufgemacht, weil er sah, dass eine solche Einrichtung in Innsbruck fehlte. Dieses Haus war das erste seiner Art in Österreich, ein Pilotprojekt für Menschen, die eigentlich nicht mehr integrierbar sind und in einer drogengebundenen Lebensweise verbleiben. Für andere Abhängige gab es Einrichtungen und Therapien, aber für diese Menschen, für die alle Züge abgefahren waren, die AIDS oder Hepatitis C hatten und schon viele Therapien abgebrochen hatten und für die keine Hoffnung mehr bestand, für sie war die Mentl-Villa gedacht. Ein besonders niedrigschwelliges Angebot also. Anfangs musste dort niemand seinen richtigen Namen nennen, denn einige wurden polizeilich gesucht. Wir haben dann gefragt, wie wir sie nennen sollen. Das hat sich später geändert, dann mussten die Leute angemeldet sein. Das Haus bewegte sich außerhalb der Legalität. Wir hatten mit der Polizei einen Vertrag abgeschlossen, dass sie nicht ins Haus kam, denn dort gab es natürlich Drogen. Im Gegenzug garantierten wir, dass ein mit Haftbefehl Gesuchter sich vor der Tür einfand und abgeführt werden konnte. Jussuf wusste, dass es unmöglich gewesen wäre, mit einem solchen Konzept an die Behörden heranzutreten, um deren Unterstützung zu bekommen. So beschlossen sie, über Nacht anzufangen und anhand der konkreten Gegebenheiten das Konzept weiterzuentwickeln. Dafür nutzten sie das Abbruchhaus. Mit der Zeit informierte Jussuf die Behörden, dass die Arbeit hier um der Menschlichkeit willen getan wurde. Er war der Ansicht, dass die Kirche institutionell die breitesten Schultern habe und es gut sei, wenn sie Trägerin der Einrichtung würde. So kam die Caritas Innsbruck/Tirol ins Spiel, die zur Kirche gehört. Ich kam dann in der Aufbauphase dazu.

Theresa von Avila hat es übrigens ähnlich gemacht und einfach über Nacht ihre Klöster eröffnet, und in der Früh hat das Erklingen der Klosterglocke angezeigt: Wir sind jetzt da. Sie hat oft gesagt: Theresa und ein Thaler sind nichts. Aber Gott, Theresa und ein Thaler bewirken alles. Einmal hat sie einen wohlhabenden Fürsten um Geld für ein neues Kloster gebeten. Der wollte dafür einen Kuss von ihr. Spontan hat sie ihn auf die Backe geküsst und ausgerufen: »So günstig bin ich ja noch nie zu einem Kloster gekommen!«

Die Mystiker waren im Grunde ganz bodenständige Leute. Sie hatten die Füße auf dem Boden, den Geist und das Herz aber in der Verbindung zum Göttlichen und haben von dorther Wunderbares schaffen können. Das gilt auch für den Jussuf.

Aber zurück zur Mentl-Villa. Es war für die Schwerstabhängigen wirklich ein ganz einzigartiger Ort. Ansonsten müssen sie auf Bahnhöfen, hinter Mülltonnen und auf dreckigen WCs ihre Drogen nehmen. Dort besteht immer die Gefahr, dass sie sich unter Stress oder weil sie verfolgt werden, eine Überdosis setzen. Durch das Haus entgehen sie diesen Gefahren. Es leistet eine Schadensminimierung. Wir konnten maximal achtzehn Menschen aufnehmen. Später war es möglich, weitere achtzehn Menschen in kleinen Studios mit Kochgelegenheit in der Stadt unterzubringen und dort zu betreuen. Manchen war es nach einem halben Jahr in der Mentl-Villa möglich, einen Herd an- und auch wieder auszuschalten und keine Überdosis zu konsumieren. Wer wieder alleine überleben konnte, konnte ein Zimmer in der Stadt beziehen und bei Bedarf betreut werden. Alle anderen blieben in der Mentl-Villa. Es gab auch eine Art Rotation. Viele kamen durch ihre Lebensweise immer wieder ins Gefängnis, ins Krankenhaus und dann in die Mentl-Villa zurück, bis sie eines Tages nicht mehr kamen.

Wenn ich mir die Stationen deines Lebens betrachte, scheint mir, dass es dich sehr konsequent immer zu denjenigen, die es am schwersten haben, hingezogen hat.
Ja, schon während der ersten Münchenaufenthalte bin ich oft länger am Bahnhof gewesen. Ich schaute den Menschen zu und bekam so viel von ihrem Elend mit. Gestrandet, obdachlos, ohne Ziel. Mir fiel auf, dass es genau das ist, was Franziskus beschreibt: Dort, wo die größte Dunkelheit, der größte Mangel, die größte Bedürftigkeit ist, ist der beste Platz, dass Gott sich zeigen kann.

Ich erinnere mich an viele, die aus dem Leben gegangen sind. Ein Bewohner war schon als Jugendlicher von zu Hause ausgerissen. Er stammte aus einer wohlhabenden Familie. Seine Geschwister waren alle Akademiker. Er verschwand für einige Jahre nach Neuseeland, begann dort Drogen zu nehmen und war leicht psychotisch. Er war ein herzensguter Mensch. Als er nach Österreich zurückkam, stellte er fest, dass niemand aus seiner Familie etwas mit ihm zu tun haben wollte. Nur zu seiner Mutter bestand eine schöne Verbindung. Sie freute sich, dass er wieder da war. Die Mutter kam irgendwann in ein Pflegeheim. Eines Tages hatte sie Geburtstag, und er hatte gehört, dass die Geschwister zu diesem Anlass ins Pflegeheim fuhren. Er fragte eine seiner Schwestern, ob sie ihn mitnehmen würde. Sie rief während der Fahrt die anderen Geschwister an und sagte ihnen, dass ihr Bruder mitkomme. Daraufhin ließen ihre Geschwister sie wissen, dass die Feier abgeblasen würde, wenn der Bruder erschiene. Sie ließ ihren Bruder dann auf der Autobahnraststätte aus dem Auto und fuhr allein weiter. Er war so schockiert, dass er nicht in der Lage war, die Mutter zu finden. Er erkannte seine Hilflosigkeit, streunte umher und fand schließlich in die Mentl-Villa zurück. Am nächsten Morgen sahen wir, dass er an die Wand seines Zimmers »Friede sei mit euch« geschrieben hatte. Er kam nicht wieder. Die Polizei rief später an, dass er auf einem öffentlichen WC mit einer Überdosis gefunden worden sei. Das Sozialamt bezahlte damals nur das Begräbnis, nicht den Priester. Bei der Begräbnisfeier in der Karmeliterinnenkirche habe ich dann von seinem Leben erzählt. Einige seiner Geschwister, alle wohlsituiert und Akademiker, kamen, und als ich ihnen in die Augen schaute, dachte ich, sie sind nicht glücklicher als er. Er hatte etwas so Strahlendes, die Kinder haben gern mit ihm gespielt.

Glaubst du, dass alle Menschen, egal wie ihre Lebensum-
stände sein mögen, die Chance haben, eine Verbindung zur
transzendenten Dimension herzustellen, und sei es nur für
Momente?

Ja, das denke ich. Eine junge Frau in der Mentl-Villa zum Beispiel arbeitete auf dem Strich und verhielt sich manchmal sehr unvorsichtig in der Szene. Oft versuchte sie, an Stoff zu kommen, ohne dafür zu bezahlen. Eines Tages kehrte sie nicht zurück. Wir bekamen dann einen Anruf aus der Klinik, dass sie auf der neurologischen Intensivstation liege. Man wisse nicht, was passiert sei. Sie war auf dem Hinterhof gefunden worden. Zwei Leute hatten versucht, sie wiederzubeleben. Sie war nun mit 22 Jahren querschnittsgelähmt.

Im Nachhinein hörte ich, dass sie ein weggelegtes Kind war. Sie hatte ihre Eltern nie kennengelernt und war vom Jugendamt zu einer Familie gegeben worden. Ich lernte die Pflegemutter kennen. Sie erzählte, dass es von Beginn an sehr schwierig gewesen sei. Schon als Krabbelkind habe sie versucht, anderen wehzutun. Die Familie hatte zwei Dobermann-Hunde. Als sie fünf war, habe sie den Hunden mit einem Messer die Fußballen aufgeschnitten und gesagt, es mache ihr Spaß, anderen weh zu tun. Sie habe die Schule nicht beenden wollen und sei auf die Straße gegangen, habe ein Kind gehabt und sei in der Drogenszene gelandet. Auch in der Mentl-Villa war sie sehr in sich verschlossen. Manchmal gab sie zwar zu verstehen, was in ihr los war, aber so, als ob sie die Zuhörenden nicht wahrnehmen würde. Es kam nichts von ihr zurück.

Sie lag dann mit einem Luftröhrenschnitt auf der Intensivstation. Sie konnte nicht sprechen, aber ich merkte, dass sie mich erkannte. In der Klinik sagte man mir, sie habe immer wieder Panikzustände. Sie schaue dann auf den Boden und gerate in größte Panik. Als ich einmal bei ihr saß, kam so eine Panikattacke. Ich ging ganz nah an sie heran und sie versuchte, etwas zu sagen. Sie formte den Mund so, dass es mir vorkam, als würde sie »Gott« sagen. Ich dachte, dass dies vermutlich nur meine Interpretation sei. Ich sagte: »Ich verstehe dich nicht, aber du scheinst dir Gedanken zu machen. Hast du ›Gott‹ gesagt?« Und ja, ihre Augen waren voller Angst. Ich war hilflos und sagte ihr: »Du musst keine Angst haben. Er ist der Einzige, der dich wirklich versteht. Es gab so viel, was dir Angst gemacht hat und wo dich niemand verstanden hat. Aber er ist der Einzige, der weiß, was war und was wirklich ist. Er hat dich lieb und hilft dir jetzt in dieser Situation, wo andere dir wenig helfen können. Du kannst ganz frei sein. Er hat dich lieb. Du bist geborgen.« Ihr Gesicht wurde ruhiger. Sie schaute mich an und da kam so etwas wie ein Danke. Ich hatte vorher nicht erlebt, dass sie sich jemals bedankt hat. Sie ist dann gestorben.

Welchen Trost würdest du ihr als Zen-Priesterin spenden?
Im christlichen Glauben gibt es immer ein Gegenüber: Gott,
Christus. Im Zen gibt es keine Gottesvorstellung. Es wird oft
von Leerheit gesprochen oder davon, dass Form Leerheit ist
und Leerheit Form. Im Herz-Sutra heißt es, dass der Bodhi-
sattva Avalokitesvara alle Angst überwunden hat, nachdem
er erkannt hat, dass es weder Alter und Tod noch ein Ende
von Alter und Tod und letztlich nichts zu erreichen gäbe.
Ich erinnere mich, dass Bruder David Steindl-Rast einmal
erzählt hat, Zen-Praktizierende in Tassajara, dem Zen-
Kloster des San Francisco Zen Center, in dem er Seminare
gab, hätten ihm oft gesagt, dieses Gegenüber, an das man
sich wenden könne, um Trost zu erfahren, um Dankbarkeit
auszudrücken, um eine Bitte zu äußern, das fehle ihnen im
Zen, und was er ihnen denn raten könne. Was spendet im
Zen Trost?

Dass, was ich der jungen Frau gesagt oder ihr zu zeigen
versucht habe, entsprang meiner Erfahrung, es war nichts
Theoretisches oder Ausgedachtes. Die Worte habe ich
gewählt, weil ihr anscheinend in dieser Situation der Gedanke an Gott in den Sinn gekommen war. Vielleicht war
jemand an den Drogen, die sie verkauft hatte, gestorben.
In dieser Szene herrschen sehr grausame Gesetze. Wenn
man da einen Fehler macht, gibt es kein Verzeihen. Man
muss nicht christlich erzogen worden sein, und doch färbt
das christliche Denken ab und ist in einer solchen Situ-

ation, in der es um Schuld und Strafe geht, naheliegend. Plötzlich kann Angst vor einer ewigen Hölle aufkommen. Mit den Worten kann man immer frei zwischen den Religionen hin- und herwechseln und bleibt doch stets im Zentrum. Die tröstende Quelle lässt sich nicht aufdecken. Man muss es ausprobieren. Wenn man sich hinsetzt und meditiert, kommt man an den Ort. Bei der jungen Frau hätte ich aber wirklich nicht gewusst, was ich ihr aus der Zen-Perspektive Trostreiches hätte sagen können. Aber es entsprach eben auch nicht ihrem Erfahrungshintergrund.

Einmal hatte Jussuf für einen Monat in der Mentl-Villa einen Raum eingerichtet, in den jeder nachts kommen konnte, der eine Bleibe oder ein Gespräch suchte. Es gab Duschen für die Straßenprostituierten, damit sie sich wieder frisch machen konnten. Wir wollten schauen, ob es Bedarf dafür gab, ob jemand kommen würde und was wir daraus machen könnten. Es ging uns darum, das soziale Netz noch etwas dichter zu knüpfen. Mir fielen dann eines späten Abends zwei Männer auf, die sich vor der Tür aufhielten, aber nicht hereinkamen. Sie sahen zum Fenster rein, blieben aber draußen. Als alle anderen gegangen waren, waren sie immer noch da. Da ging ich zu ihnen hinaus und fragte sie, ob sie etwas bräuchten. Es war dunkel und ich konnte sie nicht gut sehen. Sie sagten, sie wollten eigentlich zu mir, und sprachen dann davon, dass sie gern ein anderes Leben geführt hätten, aber es sei eben anders gekommen und sie würden aus ihrem jetzigen Leben keinen Ausweg mehr finden. Dann baten sie mich, sie zu segnen. Ich spürte, dass es ihnen ernst damit war. Ich gab ihnen meinen Segen und bat sie darum, mich zu segnen. Am nächsten Tag fragte ich einige in der Mentl-Villa, wer die beiden gewesen seien, und wenn es stimmt, was ich als Antwort bekam, dann waren es zwei der hochrangigsten Anführer der Unterwelt. Manchmal geht in Menschen etwas vor, das man ihnen auf den ersten Blick gar nicht zutraut. Diese Verbindung zum Transzendenten ist wie eine Nabelschnur.

Was haben dir die Bewohner der Mentl-Villa bedeutet?
In den Gesprächen mit ihnen ging es nicht darum, ihnen eine andere Lebensweise zu suggerieren. Das hatten sie schon so oft gehört. Alle Ämter und Institutionen hatten ihnen vermittelt: So wie du lebst, ist es nicht richtig. Du musst etwas ändern und dann geht es dir besser. Doch ein Mensch, der voll auf Drogen ist und kurz vor dem Tod steht, kann genauso glücklich sein, wie ein Manager unglücklich sein kann. Ich fand es so schön, dass wir dieses niederschwellige Angebot machen und mit den Menschen die letzten Meter gehen konnten.

Die Drogenabhängigen sind die Aussätzigen unserer Zeit. Viele Menschen hatten damals Angst vor ihnen und mieden sie, weil viele von ihnen AIDS-krank waren. Und tatsächlich hatten die Abhängigen praktisch keinen Kontakt zu Menschen, die nicht drogenabhängig waren. Ihr ganzer Tagesablauf war von dieser Lebensweise geprägt. Andere Themen gab es nicht mehr.

Eine Bewohnerin schilderte mir einmal, dass ihr erster Gedanke nach dem Aufwachen war: Wie schaffe ich es heute, meine Drogen zu organisieren? Dann musste sie sich auf den Weg zu ihrem Platz auf dem Straßenstrich machen, um Geld zu beschaffen. Aber für den Weg dorthin brauchte sie bereits Drogen, um ihre Angst, ihren Abscheu und ihren Ekel zu überwinden. Der Platz auf dem Straßenstrich ist auch nicht umsonst. Immer wieder gab es deswegen Konflikte mit anderen. Sie bat mich manchmal, die Autonummern von Freiern aufzuschreiben, die sie des Nachts mitnahmen, weil sie Angst hatte. Aber das konnte ich natürlich nicht machen, sie überallhin zu begleiten wie eine Mutter ihr Kind. Manchmal wurde sie einfach im Wald aus einem Auto geworfen oder geschlagen, ohne Geld für ihre Dienste bekommen zu haben. Dann kam sie zurück und wischte sich das Blut aus dem Gesicht. Oder sie hatte ein gebrochenes Nasenbein, aber sie konnte niemanden anzeigen, weil es illegal war, was sie tat. Dann begann sie vom Entzug zu zittern, und der Stress, Geld aufzutreiben, begann von Neuem. Wenn sie Geld hatte, begann die Suche nach dem Dealer. Auch das war nicht immer einfach. Dann kam sie mit dem Stoff zurück zur Villa. Immer wieder ein Hamsterrad des Elends. Kein Raum mehr frei, um die Sonne zu sehen, sich an irgendetwas zu erfreuen oder gesunde soziale Beziehungen zu erfahren.

Das war ein Leben wie ein Wasserfall, ohne Bremse. Die Nähe der Mentl-Villa zum Bahnhof war für die Drogenabhängigen gut. Unsere Nachbarn waren auf der einen Seite die strenge Schwesternschaft der Karmeliterinnen und auf der anderen Seite ein Bordell. Wir hatten einen guten Austausch mit beiden Seiten. Auf beiden Seiten gab es Menschen mit einem großen Herzen. Ich hätte es verstanden, wenn mich die Frauen zu beiden Seiten geschnitten hätten. Aber alle waren freundlich und voller Unterstützung.

Die Karmeliterinnen nahmen sehr Anteil daran, wenn ein Bewohner oder eine Bewohnerin der Villa mit einer Überdosis in die Klinik kam. Sie beteten für sie und hielten Gottesdienste ab. Manchmal haben Menschen dort gefixt und ihre schmutzigen, gebrauchten Spritzen dabei liegen lassen. Dann sammelten die Schwestern die Spritzen einfach ein und sagten Bescheid, dass wir einen Sack Spritzen abholen sollten. Sauberes Material und alles, was sie brauchten, bekamen sie in der Mentl-Villa. Das war und ist bis heute der einzige Ort in Österreich, wo sie ihre Drogen mit ins Haus bringen dürfen.

Wie hast du es geschafft, dein Leben im Kloster und die Arbeit in der Mentl-Villa in Einklang zu bringen?

Von den über fünfzig Schwestern, die zu der Zeit noch in Hall im Provinzhaus wohnten, waren nur zwei außerhalb des Klosters tätig. Schwester Maria Theresia arbeitete an der Pädagogischen Akademie in Innsbruck als Professorin für die Lehrerausbildung und ich in der Mentl-Villa. Es war mir nicht möglich, mich immer zurückzumelden, denn die Arbeit in der Mentl-Villa ließ sich nicht in einem geordneten Zeitrahmen leisten. Für die Fahrten nach Hause mitten in der Nacht schenkte mir damals Dr. Scharfetter ein Motorrad, eine Honda »Rebel«. Es war ein Riesenglück, dass ich damals den Motorradführerschein machen konnte.

Wie so oft in meinem Leben ging auch damals wieder zur rechten Zeit eine Tür auf. Wie kommt eine Franziskanerin aus einem relativ strengen Orden dazu, einen Motorradführerschein machen zu dürfen? Die Mutter Oberin hatte bemerkt, dass ich oft ganz spät heimkam. Die Busverbindungen waren damals noch nicht so gut. Zunächst war ich mit einer Vespa unterwegs. Das machte riesig Spaß, aber sie war für den Bereitschaftsdienst zu langsam. Ich musste in einer Viertelstunde in der Villa sein, möglichst über die Autobahn fahren. Und das ging mit der kleinen Vespa nicht, obwohl sie schon auf 100 Stundenkilometer aufgemotzt war. Doch es machte mir Sorgen, irgendwann einmal erwischt zu werden. Ein Wohltäter, der Kurt, damals etwa 75 Jahre alt, der als Kind selbst in Heimen bei Franziskanerinnen aufgewachsen war, tat uns Schwestern immer etwas Gutes. Er spendierte mir den Führerschein, stellte aber die Bedingung, dass ich den Autoführerschein gleich mitmachte, damit ich meinen Mitschwestern bei Arztbesuchen oder Ähnlichem helfen könnte. Die Mutter Oberin stimmte zu. Ihr Bruder war selbst Franziskaner und fuhr eine schwere Maschine.

Vor der letzten Prüfungsfahrt mit dem Motorrad sagte mir der Prüfer, dass ich in meinem Outfit nicht zugelassen würde, da es gegen sämtliche Sicherheitsvorkehrungen verstieße. Er würde die Prüfung nur in einer adäquaten Motorradmontur gestatten. Der Fahrlehrer lieh mir schließlich seine Lederkluft für die Prüfungsfahrt.

Diese kleine Geschichte ist ein Sinnbild dafür, wie in meinem Leben letztlich immer alles geklappt hat. Ich schaue dankbar zurück. Es ist unglaublich, wie sich die Wege immer wieder geöffnet haben. Ich habe oft anderen gegenüber ein schlechtes Gewissen, die Engpässe erleben, sich in Sackgassen fühlen und in deren Leben sich vieles nicht erfüllt. Mir scheint, dass bei mir immer alles in Erfüllung gegangen ist.

Du erwähntest, dass du gern einem kontemplativen Orden beigetreten wärest. Du scheinst aber geradezu das Gegenteil eines kontemplativen Lebens, mit dem man im Allgemeinen ja auch Abgeschiedenheit, Ruhe und Einkehr verbindet, gewählt zu haben.

Dennoch hat sich das für mich erfüllt, aber in einer anderen Weise. Mein Weg ist während all der Jahre immer mehr nach innen gegangen. Ich erinnere mich an eine tiefe Erfahrung während eines Weihnachtsfestes in der Mentl-Villa. Weihnachten war immer eine emotional schwierige Zeit, weil sich die Bewohner dann mehr erinnerten. Vielleicht dachten sie daran, dass sie Eltern hatten, zu denen kein Kontakt bestand, mit denen es ein Zerwürfnis gegeben hatte. Oder sie dachten daran, dass sie krank, ohne Ausbildung und chancenlos waren. Oder dass es ein Kind gab, zu dem sie keinen Kontakt mehr hatten und das woanders aufwuchs. Einige deckten sich vorher schon mit Drogen ein, um schmerzfreier über diese Tage zu kommen. Es war ein Kunststück, sie aus ihren Zimmern an einen gemeinsamen Tisch zu bringen.

Ich habe die Tische in der Küche zusammengestellt, so eine lange Tafel hergerichtet, mit einem der wenigen weißen Leinentücher, die wir hatten, bedeckt und die gespendeten Köstlichkeiten aufgefahren, für jeden ein Geschenk eingepackt und an ihre Plätze gelegt. Einer kam verzweifelt aus seinem Zimmer. Ich sah seine völlig zerstochenen Arme. Er war blutig und hatte innen an den Beinen angefangen zu stechen. Er war total auf Koks und gierig und sagte mir, dass er nichts mehr schaffe und völlig verzweifelt sei. In seiner Panik stach er sich mit der Spritze in eine Ader am Hals. Das Blut spritzte über das weiße Tischtuch. Gleichzeitig hörte ich, wie die Weihnachtsmette bei den benachbarten Karmeliterinnen begann. Das kam mir wie ein mystisches Erlebnis vor. So nah am Kern von Weihnachten konnte man nur in dieser Situation sein. Nirgendwo konnte ich mir die Geschichte von Bethlehem mehr umgesetzt vorstellen.

Auf dem Weg zum Zen

Ursula Richard: *Wie bist du als katholische Nonne, die immer in extremen Arbeitsfeldern ihre Aufgabe gefunden hat, zum Zen-Buddhismus gekommen?*

Schwester Theresia: Da ich außerhalb des Klosters arbeitete, konnte ich Sachen tun, für die ich sonst keine Erlaubnis bekommen hätte. Es fing damit an, dass im Kloster die Regel entfiel, dass wir Exerzitien nur innerhalb der Ordensgemeinschaft und von Franziskanern angeleitet besuchen durften. Sie konnten nun auch in anderen Bildungshäusern stattfinden. Schwester Maria Michaela interessierte sich für einen Zen-Einführungskurs. Im Franziskanerkloster Haus der Stille Heiligenkreuz bei Graz wurde solch ein Kurs von einem Lehrer der Sanbo-Kyodan-Tradition angeboten. Dorthin fuhren wir zu dritt, Schwester Maria Theresia, Schwester Maria Michaela und ich. Das war 1994.

Bei diesem Zen-Einführungskurs waren viele Christen. Es war so großartig, als der Lehrer sagte, man müsse nicht auf den Himmel warten, um Gott zu begegnen. Jetzt, in diesem Augenblick, sei die totale Präsenz da. Alles andere seien Vorstellungen, Bilder oder etwas Überlagerndes. Das Frischeste, da, wo es sprudelt, ist im Jetzt. Da habe ich Meister Eckhart wieder ganz neu verstanden. Bei dem Kurs wurde im Zendo gesessen, und dann gab es noch den Kirchenraum, in dem einmal am Tag eine Messe stattfand. Ich wäre am liebsten im Zendo geblieben, um weiter in der einzigen Gegenwart Gottes im jetzigen Moment zu sitzen, an der Quelle – eine größere Nähe zu Gott ist auch in der Kommunion nicht möglich. Diese Erfahrung gehört zu den Geschenken, die mir Türen geöffnet haben und für die ich bis heute dankbar bin.

Schon beim ersten Sitzen war mir klar: Das ist es! Da geht der roten Faden weiter. Bis dahin vermisste ich trotz meiner Zufriedenheit im Kloster diese universelle, kosmische Dimension sehr, dieses Verbundensein, das Franziskus in seiner Spiritualität gelebt hatte. Die Erkenntnis, dass wirklich alles *ein* Leben ist, dass die Tiere und alle Wesen zusammengehören und aus einer Quelle stammen. Das hatte ich im Christentum so nie bestätigt gefunden. Es war für mich stets eine geistige Wanderung am Rande gewesen, immer schauend, wo geht's denn da weiter. Und bei diesem ersten Sitzen war mir klar: Ja, hier im Zen! Und zwar nicht als Bruch, sondern als roter Faden für mich und als tiefste Verwirklichung der Vision, die Franziskus einst gehabt hat.

Wenn du gespürt hast, dass der Weg für dich dort weitergeht, heißt das, dass du den Weg in gewisser Weise vorher schon gekannt hast?

Das mag sein. Es war fast wie ein Wiedererkennen, in dem das Vorausgegangene ohne Bruch aufgehoben und weitergeführt ist.

Nach dieser Woche war es mir wichtig, damit weiterzumachen. Ich schlug das Telefonbuch von Innsbruck auf und schaute unter »Zen« nach. Tatsächlich fand ich dort die Nummer einer Zen-Gruppe. Ich rief an und hatte Taisan, der diese Zen-Gruppe damals leitete, am Apparat. Ich fragte, ob ich als völliger Neuling und als katholische Nonne teilnehmen könne, und erfuhr von Beginn an eine große Akzeptanz. »Jö, ein Nönnchen« sagte er. Ich wusste, da muss ich dranbleiben. Das ist der Weg. Dorthin ging ich regelmäßig zum Sitzen. Einer Kollegin aus dem Nachtdienstteam der Mentl-Villa, die auch auf der Suche war und sich für Meditation interessierte, erzählte ich von der Gruppe, in der ich schon ein-, zweimal mit gesessen hatte. Sie kam mit und ist bis heute dabei geblieben.

Übrigens sind wir drei Schwestern, die wir anfangs den Zen-Einführungskurs besucht haben, auch alle dabeigeblieben. In Hall haben wir damals ein kleines Zendo eingerichtet. Inzwischen hat sich aber die Lebenssituation für jede sehr verändert. Schwester Maria Theresia ist inzwischen Generaloberin in Rom, Schwester Maria

Michaela ist ihre Assistentin und lebt auch in Rom, und ich bin in der Schweiz. Wir haben in Rom in der Nähe des Vatikans ein eigenes Generalat. Dort können sie eine solche Sitzpraxis sicher nicht durchführen. Der Job einer Generaloberin ist sehr anspruchsvoll und mit vielen Reisen nach Lateinamerika und Afrika verbunden. Sie sind nomadisch geworden, aber vielleicht haben sie immer ein Kissen dabei oder sie stehen bei all ihren Tätigkeiten nicht mehr vom Sitzen auf.

Wie passte deine bisherige spirituelle Erfahrung zu dem, was du im Zen kennenlerntest?
Vielleicht ist das nur mein ganz persönlicher Zugang zu Zen. Aber Zen berührt für mich das, was auch Franziskus als das einzig Notwendige gesehen hat. Zen zielt ohne Schnörkel und ohne Beiwerk wie ein Pfeil auf genau diese Mitte, nämlich ohne Philosophie und gedankliche Ausflüchte im Konkreten zu sein und ins Herz der Dinge zu schauen. Dafür sind die Formen eigentlich nicht vonnöten. Von Beginn an schien mir die Zen-Praxis der geeignete Raum dafür zu sein, in dem Einen und Namenlosen zu sein. Zen ist wunderbar geeignet, um in dieser *einen* Gegenwart zu sitzen. Das ist der schnellste und kürzeste Weg. Erst mit der Zeit wurde mir bewusst, dass es auch eine starke Geistesschulung ist.

Das war dein Tor zum Zen, durch das du ja auch mit deiner ganzen Vorerfahrung eingetreten bist ...

Ja, so habe ich es kennengelernt. Aber es heißt ja auch, dass das Dharma 84 000 Tore und damit Eintrittsmöglichkeiten hat. Ich fing also bei Taisan an. Er war ein Vorarlberger, der in sehr jungen Jahren nach Düsseldorf gegangen war.

Dort gab es einen Meister in der Tradition von Kodo Sawaki. Kodo Sawaki hatte fünf Nachfolger. Einer von ihnen war Taisen Deshimaru Roshi, der ja sehr bekannt wurde und Hunderte von Schülerinnen und Schüler hatte. Ein anderer hieß Koun Enmyo Shuzuki Roshi. Dieser wirkte bis zu seinem Tod in Düsseldorf und machte nicht so von sich reden wie Deshimaru.

Taisan kam mit fünfzehn Jahren nach Düsseldorf, und er lebte dann dort mit seinem Meister und sog alles auf wie ein Schwamm. Doch sein Meister starb drei Jahre später. Er ging dann zu Kobun Chino Roshi, wurde von ihm zum Zen-Priester ordiniert und erhielt die Lehrerlaubnis und dabei auch ein braunes Kesa.

Für einige Zeit machte er in Innsbruck eine Dharma-Schule auf. Ich fand, er war ein sehr guter Lehrer, doch als Mensch wurde er nicht von allen akzeptiert, weil er etwas Drachiges an sich hatte. Auch in seinem Namen Ryun steckt der Name »Drachenwolke«. Das beschreibt ihn gut. Wenn jemand etwas sagte, was ihm absolut nicht passte, konnte er sehr ungehalten werden. Als ich 2005 wieder hierher zum Felsentor kam, waren wir zwar noch in lockerer Verbindung, aber er hatte schon mit der äußeren Praxis aufgehört. Er hatte eine Ein-Mann-Gartenbaufirma gegründet und unterrichtete nicht mehr. Wer ihn kannte, sah auf den ersten Blick, dass die ganze Praxis nun darin lag. Aber anderen kam er wie ein ganz gewöhnlicher Mensch vor, denn er hatte keine Verbindung mehr zur formalen Zen-Praxis. Er hatte seine Legitimation vorher immer wieder infrage gestellt. Er fragte sich, ob er von seinem Meister selbst tatsächlich eine Übertragung erfahren hatte. Für manch einen sind wohl die richtigen Papiere wichtig. Ich denke, die Übertragung zwischen Meister und Schüler findet statt, wenn beide in dasselbe schauen. Das ist nichts Einmaliges, sondern wie ein Herzschlag, der fortwährend wie das Atmen stattfindet. Sicher ist es gut, wenn Papiere da sind, falls man sie für irgendetwas braucht, aber dafür braucht es eigentlich keine.

Wie hast du in jener Zeit Zen geübt?
Mit der Innsbrucker Zen-Gruppe Kannon-do. Wir haben uns einmal in der Woche abends getroffen, drei Runden gesessen, dann wurden das Herz-Sutra und zwei weitere Texte rezitiert. Danach gingen wir immer noch in ein Café und sprachen miteinander, und mir schien, dass, wenn jemand etwas fragte, es immer alle betraf. Manchmal hatte

ich den Eindruck, von einem Satz, wie ihn Peter Pfötscher, der die Gruppe mittlerweile leitete, mitunter äußerte, könne man für den Rest des Lebens leben. Das würde reichen, wenn man ihn ganz verinnerlichte. Später fuhren wir zusammen zu Sesshins, die Kobun Chino Roshi mit Vanja Palmers und dann Vanja allein im Haus der Stille in Puregg anbot. Peter war Schüler von beiden.

Wann kamst du auf die Idee, dich in dieser Tradition ordinieren zu lassen?

Die Zen-Ordination ging nicht von mir aus. Ich wünschte es mir zwar, aber ich dachte nicht, dass dies einer franziskanischen Nonne überhaupt möglich wäre. Mein Gefühl der Zugehörigkeit wurde immer stärker. Die Idee kam von Taisan selbst. Ich empfand es als ein Geschenk, als ich mit ihm zusammen mein Rakusu nähen durfte und die erste Zuflucht nahm.

Einige Zeit später gab es in unserer Innsbrucker Gruppe eine Ordination. Ich freute mich, dabei sein zu können. Einige nahmen Jukai und einer erhielt die Zen-Priester-Ordination. Plötzlich fragte mich Taisan, ob ich bereit sei. Das war völlig überraschend für mich. Er gab mir sein braunes Kesa und ordinierte mich zur Zen-Priesterin. Für mich war früher als Kind das Märchen vom Sterntaler-Mädchen sehr wichtig und das wurde plötzlich für mich sehr konkret.

Ja, du musstest das Kesa nicht selbst nähen. Es wurde dir geschenkt.

Mit Zen ging für mich etwas auf, in dem das ganze Universum Platz hat. Nicht im Franziskanischen selbst, aber im franziskanischen Kloster fehlte die Wertschätzung für Tiere und für alle Formen des Lebens völlig. Meine bewusste Verbindung damit war vorher schon da. Im Zen hatte sie dann Raum. Sonst war so viel Theologie, Interpretation und Vermittlung zwischen mir und dem Göttlichen, aber im Zen ist der Weg so kurz, von Angesicht zu Angesicht, von Herz zu Herz. Natürlich gibt es auch im Zen Schriften, aber schon Bodhidharma sprach von der Übermittlung jenseits von Worten und Schriften, ohne diese Buchstaben und nur auf das Herz weisend. Als ich dann noch Vanja Palmers kennenlernte, wusste ich, ich bin auf dem richtigen Weg. Der Meister findet seinen richtigen Schüler und der Schüler seinen richtigen Meister. Und mit uns hat es hundertprozentig gepasst. Und es ist ungebrochen richtig, bis heute. Mit der Möglichkeit, hier für die Tiere da zu sein, hat es nur einen anderen Ausdruck gefunden.

Wie lerntest du Vanja Palmers kennen?

Wir fuhren mit der Innsbrucker Gruppe nach Puregg zur Ordination von Taisans Frau. Da traf ich ihn das erste Mal. Als ich noch in der Bubenburg gearbeitet habe, begleitete ich einmal einen Jungen ins Spital, weil er sich den Fuß gebrochen hatte. Auf der Rückfahrt machte ich einen Abstecher in die Buchhandlung und entdeckte ein Buch von Bruder David Steindl-Rast. Ich kannte ihn nicht, schlug das Buch auf und las, eine Katze zu streicheln sei auch Gebet. Da war er mir schon herzensverwandt. Ich spürte ein solches Verbundensein mit diesem Benediktiner. Ich las, dass er in New York lebte. Somit war er für mich, die ich damals meinte, bis an das Ende meines Lebens in dem Heim zu arbeiten, unerreichbar. Doch dann hörte ich auf Umwegen, dass dieser Benediktiner in Salzburg war und dort ein Schweigemarsch für Tiere stattfinden sollte. Ich war total begeistert, dass so etwas passierte und Bruder David da war und sich daran beteiligte. Ich habe mir damals so gewünscht, dort hinfahren zu können. Per Anhalter hätte das zwei Stunden gedauert. Ich fragte Pater Markus, den Leiter der Bubenburg, um Erlaubnis und versuchte jemanden zu finden, der für einen Tag meine Jungs betreute. Aber es fand sich leider niemand. Das war für mich ein ganz schwerer Verzicht.

Wäre ich damals dort hingekommen, hätte ich möglicherweise auch Vanja kennenlernen können. Er hat nämlich gemeinsam mit Bruder David den Marsch organisiert.

Über zehn Jahre später fuhr ich dann mit der kleinen Vespa zu dieser Ordinationsfeier. Von oben sah ich rund 30 Leute draußen arbeiten. Ich stellte die Vespa ab und ging zu ihnen, und es zog mich zu einem hin, der beim Holz arbeitete. Er schaute mich an, streckte die Hand aus und sagte: Ich bin der Vanja. Und genau den hatte ich gesucht.

Schon bei dieser ersten Begegnung hatte ich ein sehr intensives Gefühl der Verbundenheit. Nach der Ordinationsfeier haben wir uns beim Essen unterhalten. Wir stellten viele Gemeinsamkeiten in unserer Sicht auf die Tiere fest. Er war sehr im Tierschutz aktiv. Wir stellten fest: Wie Meditation so ist auch Tierschutz bewusstseinserweiternd.

Im Felsentor angekommen

Ursula Richard: *Wie kamst du dann zum Felsentor? Du warst doch in der Mentl-Villa, wo du sehr gern warst, gebraucht wurdest und deinen Platz gesehen hast.*

Schwester Theresia: Als ich 2001 innerhalb eines halben Jahres zwei Herzinfarkte hatte, erlaubte mir die Mutter Oberin, etwas anderes zu tun. Es gab, soweit ich sehen konnte, keine Gründe für die Herzinfarkte. In meiner Familie gab es keine Anfälligkeit dafür. Ich war nicht übergewichtig, trank und rauchte nicht. Aber wahrscheinlich war die Arbeit mit ihrem Stress durch Nacht- und Tagdienste dafür verantwortlich. Diese Gedanken – »Wenn ich nicht diesen Besuch auf der AIDS-Station oder jenen im Gefängnis mache, wird es kein anderer tun und die drogengebrauchenden Menschen werden leiden« – waren vermutlich mit der Zeit zu viel.

Aber diese Erfahrung war gleichzeitig ein Geschenk, denn sie ermöglichte mir meinen ersten längeren Aufenthalt am Felsentor. Von Januar 2002 bis Herbst 2003 lebte ich dort, aber es gab noch keine Tiere. Es fanden erste Seminare statt und ich habe in der Gastwirtschaft gearbeitet, habe gebügelt und Zimmer für die Kursgäste hergerichtet. Am 25. Juli 2003 war Kobun Chino Roshi noch hier, der dann mit seiner kleinen Tochter einen Tag später tödlich verunglückte.

Im Herbst ging ich ins Kloster zurück. Es war so vereinbart worden, dass ich zurückkehre, wenn sich meine Gesundheit stabilisiert hatte. Gearbeitet habe ich dann wieder in der Mentl-Villa bis September 2005.

Die Einweihungsfeier des Felsentores war im Mai 2002. Damals wurde das Haupthaus, das heißt das Seminargebäude und das Gartenrestaurant, eröffnet. 2004 wurde dann das Zendo feierlich eröffnet. Ich war gemeinsam mit Schwester Maria Michaela dabei. Jemand nahm uns aus der Kannon-do, der Innsbrucker Zen-Gemeinschaft, mit und wir schwenkten das Weihrauchfass.

Vanja sprach davon, dass er nun seine Idee einer Tierschutzstelle am Felsentor verwirklichen wolle. Er ermöglichte mir dann 2004 eine Tierschutzlehrerausbildung in Graz. Unsere Mutter Oberin erlaubte es. Ich fuhr regelmäßig mit dem Motorrad von Hall nach Graz. Gearbeitet habe ich immer noch in der Mentl-Villa und nahm für die Ausbildung Urlaub. Obwohl ich mich ein Leben lang mit Tieren beschäftigt hatte, war diese Ausbildung sehr wertvoll für mich, und ich lernte dort sehr viel Neues. Dafür bin ich sehr dankbar.

Dein Orden hat dich in vielen Entscheidungen unterstützt.
Wie durch ein Wunder wurde mir von der Mutter Oberin erlaubt, in die Schweiz zurückzukehren. Schwester Maria Christiana und ich, wir hatten unser 25-jähriges Ordensjubiläum. Zwar waren wir schon länger im Orden, aber es wird von der ersten Profess an gerechnet. Jede durfte sich etwas wünschen. Ich wünschte mir die Rückkehr ans Felsentor. Schwester Maria Christiana wünschte sich, ein Stück des Jakobswegs zu gehen.

Unsere Wünsche wurden uns erfüllt. Eigentlich wurden mir zwei bis drei Monate zugesagt, aus denen inzwischen aber elf Jahre geworden sind. Ich betrachte das als ein Geschenk des großen Ganzen, das ermöglicht wurde durch die Unterstützung von Schwester Maria Theresia und Maria Michaela. Die frühere Mutter Oberin hatte den Vatikan informiert, weil sie es nicht selbst verantworten wollte. Ich wurde aufgefordert, möglichst bald ins Kloster zurückzukehren, weil die zuständige Stelle im Vatikan meinte, dass das Felsentor nicht für Ordenschristen geeignet sei. In unseren Konstitutionen steht, dass keine Schwester länger als drei Monate außerhalb der Gemeinschaft leben darf.

Was passierte dann?
Als ich mich bereits vorbereitete, ins Kloster zurückzukehren, wurde die neue Generaloberin gewählt. Das pas-

siert alle zwölf Jahre. Die Wahl fiel auf Schwester Maria Theresia. Sie kannte mich bereits seit meinem vierzehnten Lebensjahr und wusste, wie wichtig Tiere für mich sind. Sie ließ mich wissen, dass sie dem Sekretariat im Vatikan Bescheid gegeben habe, sie hätte mir den Auftrag gegeben, im Tierschutzbereich zu arbeiten. Das war gut, denn an die Sekretariate des Vatikans werden so viele Anfragen gerichtet und die Einzelfälle sind ja kaum nachzuprüfen, so viele sind es, denn es geht ja um alle Ordensleute weltweit. Wenn die zuständige Oberin, die um die ganze Situation weiß, ihre Unterstützung zusagt und eine Entscheidung trifft, ist die Chance groß, dass sie akzeptiert wird. Jetzt lebe ich also hier mit dem Segen der Kirche.

Die Tierschutzstelle und ihre Bewohner

Ursula Richard: *Die Tierschutzstelle existiert jetzt seit mehr als zehn Jahren. Wie fing alles an? Welche Entwicklung gab es?*

Schwester Theresia: Einen Monat, bevor ich im September 2005 ans Felsentor zurückkehrte, kam Nandi an. Nandi ist ein berühmter Stier. Er brach auf spektakuläre Weise aus einem Schlachthof aus. Wie alle anderen Tiere musste er durch einen engen Gang, in dem die Schlachttiere nur hintereinander gehen können, in den eigentlichen Schlachtungsraum. In diesem Gang gab es in 1,80 Meter Höhe ein unvergittertes Fenster. Nandi hatte offensichtlich durch die freie Haltung, die er in seinem Heimatstall erlebt hatte, mehr Gefühl für seinen Körper. Tiere in Anbindungshaltung können wahrscheinlich nicht so gut einschätzen, wo ihre Hinterbeine stehen. Nandi war sehr beweglich und bäumte sich in seiner Angst auf. Es muss schrecklich für die Tiere sein, diese Todesangst zu spüren und den Blutgeruch wahrzunehmen. Nandi stellte sich auf das Tier vor ihm und sprang aus dem Fenster. Gerade in diesem Augenblick waren die Tore des Schlachthofes offen, weil ein neuer Transport ankam. Er packte die Gelegenheit beim Schopfe und lief weg. Zunächst blieb er unauffindbar.

Die Geschichte wurde in den Medien verbreitet. Einige Tage später informierte ein Bauer, der fünf Kilometer entfernt lebte, offizielle Stellen, dass sich in seiner Kuhherde ein fremder Stier befinde. So wurde Nandi wieder zurückgebracht. Auch das wurde über die Medien verbreitet. Viele Menschen begannen, sich für ihn einzusetzen. Sie meinten, wenn er so etwas Unmögliches geschafft habe, solle er leben dürfen. Es fehlte aber ein Platz für ihn. Vanja entschloss sich, ihm auf dem Felsentor ein neues Zuhause zu geben. Nandi kam in einem Container mit der Rigi-Bahn zu uns. Der Container wurde dann auf unser landwirtschaftliches Transportfahrzeig umgeladen und auf unsere hintere Weide gebracht. Nandi war nach dieser Reise nervlich völlig fertig und sprang mit einer Wucht aus dem Container, dass der Containerdeckel einen Menschen verletzte. Die Sömmerungskühe, die dort weideten, müssen aber sofort erfasst haben, wie es dem Neuankömmling ging, und auf ihre Art halfen sie, ihm anzukommen. Von beiden Seiten näherten sich ihm die älteren Kühe und schleckten ihn ab, wie sie es sonst tun, um Kälber zu beruhigen. Anscheinend wussten diese Kühe genau, was er brauchte, um seine Angst zu verlieren, vielleicht ging er für sie auch noch als Kalb durch. Er war damals erst ein halbes Jahr alt. In seine Namensgebung waren viele Leute einbezogen. Nandi soll das Reittier beziehungsweise die Inkarnation von Shiva gewesen sein. Die Glückseligkeit Gottes war zu groß, heißt es in den alten Schriften, als dass ein Mensch sie hätte ertragen können. Doch der im Vergleich dazu viel stärkere Körper eines Stiers konnte das. Deswegen verwandelte sich Shiva in einen Stier. Ich finde diese Geschichte wunderbar und freue mich, dass der Nandi diesen Namen trägt. Inzwischen wiegt er eintausend Kilo.

So viele Wanderer und Besucher, die hier vorbeikommen, aber auch viele Gäste erzählen, dass sie sich an die Geschichte von vor mehr als zehn Jahren noch gut erinnern. Er ist einer von Millionen Tieren, aber er durfte überleben, und man sieht, wie die Menschen das im Gedächtnis behalten. An die vielen Tiere zu denken, die täglich geschlachtet werden, ist wohl zu schmerzhaft. Aber wenn einer ein Gesicht bekommt und einen Namen hat, spürt man, wie vielen Menschen ein anderer Umgang mit Tieren ein Anliegen ist.

Ein Urlauber schickte uns einmal einen Zeitungsausschnitt aus Katmandu, in dem Nandis Geschichte erzählt wurde. Später kam ein indischer Swami zu Besuch, um für Nandis Rettung zu danken. Die Geschichte schlug unglaublich hohe Wellen.

Wie ging es dann mit der Tierschutzstelle weiter?
Francis, ein Schweineeber, wurde freilaufend in Ebikon gesichtet und niemand wusste, wo er hingehörte. Auf Aushängen wurde sein Besitzer gesucht. Es meldete sich niemand. Francis entdeckte einen Unterstand für Hochlandrinder und nistete sich dort ein. Er wurde dann von einem großen Hund angefallen und schwer verletzt. Sein Rücken war aufgerissen und voller Wunden. Vanja fing ihn gemeinsam mit Helfern ein und brachte ihn aufs Felsentor, nachdem ihn der Tierschutz davon informiert hatte. Er war kurz nach Nandi unser zweiter Ankömmling, der den Grundstein legte. Nandi kam im August, Francis im Oktober.

Kurze Zeit später gesellte sich das Klärchen dazu. Wir wollten nicht, dass Francis allein lebte. So kam das Klärchen aus dem Wallis zu uns. Beide sind ja Minipig-Schweine. Minipigs sind eigentlich keine Rasse, sondern ein Mix aus asiatischen Zwergrassen. Das Schwein ist uns Menschen ja biologisch ungemein ähnlich. In den Neunzigerjahren begann man damit, Herzklappen vom Schwein auf den Menschen zu übertragen. In den Tierversuchsanstalten brauchte man dafür eine robuste Schweineart. Unsere Hausschweine waren dafür bereits zu degeneriert. Also machte man Versuche mit asiatischen Zwergarten. Dabei wurde deutlich, wie intelligent und menschenfreundlich Schweine sind. Minipigs wurden dann zeitweilig wie

Haustiere anstelle von Hunden gehalten. Ich bin froh, dass diese Welle wieder verebbt ist. Einerseits ist es schön, wenn ein Tier so nah beim Menschen leben kann, andererseits ist das für ein Schweinchen auch nicht artgerecht. Es will wühlen und suhlen und unter seinesgleichen sein.

Wir mochten Klärchen und Francis von Beginn an, hatten aber überhaupt keine Ahnung, wie schnell die beiden erwachsen werden würden. Francis war ungefähr ein halbes Jahr alt, das Klärchen erst drei Monate. Kurze Zeit später war es schon trächtig. Der Tierarzt hatte auf Grund ihres jungen Alters Bedenken und empfahl, sie für die erste Geburt körperlich fit zu halten. So gingen wir, Francis, sie und ich, im Winter täglich auf einem schmalen Pfad, einer Spur für Schneeschuhgänger, hinauf nach Romiti und Kaltbad. So oft es uns die Zeit erlaubte, sind wir den steilen Berg raufmarschiert. Unter anderem waren wir auch am 25. Dezember dort oben und auf dem Dorfplatz waren viele Leute beim Weihnachtskonzert. Sie sahen unser Trio vollkommen entgeistert an. Aber auch die Schweinchen guckten erstaunt. Sie gingen ohne Leine und waren damals noch sehr fit und schnell. Auf dem Rückweg überholte mich das Klärchen und ich fiel in der schmalen Spur über sie und von hinten prallte Francis auf mich. Mir kam es vor, als würden wir alle drei lachen. Nachdem die Jungen geboren waren – es waren sechs – begann das Klärchen, den Weg nach Kaltbad allein zu gehen. Manchmal rief das Touristenbüro bei uns im Felsentor an und sagte Bescheid, dass Klärchen wieder oben sei. Einmal war Klärchen auch in die Felsenkapelle von Kaltbad marschiert und Touristen fütterten sie. Wir sagten im Touristenbüro Bescheid, sie sollten Klärchen aus der Kapelle hinaus und auf den Rückweg führen. Eine halbe Stunde später war sie wieder hier. Inzwischen geht sie nicht mehr so weit.

Einmal im Monat macht sie für zwei, drei Tage ausgedehnte Spaziergänge, wahrscheinlich auf der Suche nach einem Eberchen. Aber bis Kaltbad kommt sie nicht mehr. Früher lebten unten auf Grubisbalm zwei Eber und die fand sie auch.

Klärchen hat damals übrigens sechs Jungen geboren. Eines starb in der ersten Nacht. Zwei andere, Amadeo und Nico, wurden von einer anderen Tierschutzstelle aufgenommen. Die drei anderen, Gracia, Rubinchen und Samson, haben wir behalten. Gracia starb vor drei Jahren. Samson und Rubinchen sind noch da. Sie haben im Stall ein gemeinsames Strohlager. Tagsüber sind sie frei unterwegs.

Könnte man sagen, dass die Tiere, die hier leben, den unzähligen gequälten Tieren in der Welt eine Stimme geben? Denn sie alle kommen aus leidvollen Verhältnissen.
Ja, das ist wirklich wahr. Anton, unser Hausschweineber,

lebte in einer Schweinemastanlage und hatte das Glück, dass ihn jemand als Geschenk für ein Hochzeitspaar kaufte. Doch solch ein Geschenk ist eigentlich dazu gedacht, als Spanferkel beim Hochzeitsfest zu enden. Aber dieses Hochzeitspaar entschied sich, ihr Geschenk nicht zu essen. Sie suchten lange nach einem Platz für ihn, wo er wirklich leben durfte. Sie inserierten und bekamen viele Anrufe. Aber sie merkten, dass alle Interessenten ihn doch nur als Gratisschnitzel haben wollten. So kam er schließlich hierher ans Felsentor. Die Hausschweine sind die am meisten genutzten Tiere, die durch die Haltungsbedingungen auch am meisten leiden. Sie sind so intelligent und sensibel. Wenn ich den Anton streichle, habe ich das Gefühl, alle anderen, die weltweit kein so gutes Los haben, sind in ihm vorhanden.

Anton hat ja sehr dünne Beine, aber einen sehr massiven Körper. Leidet er darunter?
Ja, das ist das Ergebnis zweier angezüchteter Rippenpaare. So passt der Körper nicht richtig zusammen und es besteht eine Schwäche in der Wirbelsäule. Anton hat sich durch seine Märsche hinauf zum Wald und über die steilen Alpstücke so viel Muskeln antrainiert, dass er seine körperliche Schwäche kompensiert hat.

Rubinchen, die Tochter von Klärchen und Francis, ist übrigens eine gute Freundin vom Anton.

Alle Tiere hier haben ja wohlklingende Namen. Wer wählt sie aus?

Ach, das ist ganz unterschiedlich. Das Lämmchen heißt Heaven, weil er vom Himmel gefallen ist. Mir kommt es so vor, als wären alle Tiere hier vom Himmel gekommen.

Du hast gestern Abend bei der offenen Meditation über das Lämmchen gesprochen, das nicht weiß, wer es ist, und du hast dies auch als Metapher für unsere menschliche Situation genommen. Auch wir wissen oft nicht, wer wir wirklich sind, und daraus erwachsen viele Probleme. Nun sitzen wir hier mit dem Lämmchen bei dir im Haus und es ist in einem Laufstall, was ja auch nicht typisch für ein Lämmchen ist. Wie ist seine Geschichte?

Dieses Lämmchen kam zu uns, weil es von der Mutter nicht angenommen wurde. Wie ein Ziegenjunges bekommt es jetzt Milch von der Ziege. Ich gebe ihm diese Milch wie einem Menschenkind mit der Flasche. Sarina, unsere Hündin, bemuttert und betreut es und leckt es ab. Das kleine Lämmchen schläft in Sarinas Körbchen wie ein Hundejunges. Die Masthühnchen sind auch seine Freunde. Das klingt so paradiesisch und ideal, aber dennoch ist es wichtig, das Lämmchen daran zu erinnern, dass es ein Schaf ist. Sonst kann es nicht artgerecht leben und froh sein.

Braucht das Lämmchen andere Schafe, um zu erkennen,
wer es ist?
Ja, es ist sehr hilfreich und auch nötig, wenn es andere
Artgenossen sieht. Darum muss es jeden Tag zu den Schafen gebracht werden.

Ist die Mutter des Lämmchens eigentlich auch hier oder lebt
sie woanders?
Sie ist auf dem Bauernhof, von dem das Lämmchen kam.
Sie brachte auf der Weide zwei Lämmchen zur Welt. Das
Erstgeborene rutschte nach der Geburt den Hügel herunter. Sie sah nur das zweite. Das Erstgeborene betrachtete
sie danach nicht mehr als ihres. Wenn ein Mutterschaf in
den ersten Stunden ein Lamm nicht sieht und nicht ab-
schleckt, weiß es nicht, dass es ihres ist.

Nun bist du seine Mutter?
Sarina und ich, wir teilen uns diese Aufgabe. Sie hat es
buchstäblich vorn und hinten gesäubert, sodass auch sein
Kreislauf richtig funktioniert. Sie tat das wie eine Schafsmutter. Es ist jetzt auch Sarinas Kind.

Glaubst du, dass Tiere ein Gefühl für das eigene Sterben, für
ihre Sterblichkeit haben?
Ich weiß es nicht. Ich erinnere mich aber an einen Tag, an

dem gutes Wetter war. Die Schweinchen waren schon früh hinauf in den Wald gegangen. Aber Gracia lag im Stall und an ihrer Atmung war zu merken, dass sie nicht mehr lange leben würde. Ich hab mich zu ihr gesetzt und sie gestreichelt. Eine Viertelstunde bevor sie starb, kam plötzlich das Klärchen, ihre Mutter, allein aus dem Wald zurück, was ein ziemlich weiter Weg ist, und legte sich neben sie.

Hast du Erfahrungen dieser Art auch mit anderen Tieren gemacht?
Vielleicht in der Form, dass sie so angstfrei gehen können, weil sie sich keine Vorstellungen oder Ideen über die Situation machen. Das Sterben ist nicht schwer für sie, weil sie so im Hier und Jetzt sind. Sie halten nicht fest.

Mit Nuria kam nach 30 Jahren erstmals wieder ein Hund in mein Leben. Wir hatten eine ganz besondere Beziehung miteinander. 2014 starb sie.

Ihr ging es schon längere Zeit nicht mehr gut. Sie hatte sehr abgenommen. Ich ging mit ihr zum Tierarzt und die Befunde zeigten, dass mit der Leber etwas nicht stimmte. Ein Operationstermin wurde festgelegt. Nuria und ich, wir gingen dann gemeinsam zur Rigi-Bahn hinauf. Im Zug legte sie mir ihr Gesicht in die Hände und schaute mich so intensiv an, wie es Hunde sonst eigentlich nicht tun. Die ganze Zeit sah sie mir unverwandt in die Augen. Da wurde mir klar, dass sie nicht mehr zurückkommt und dies auf irgendeine Weise auch wusste. In Vitznau unten am See nahmen wir dann das Auto, um zum Arzt zu fahren. Als es dann ans Aussteigen ging, wollte sie das Auto nicht verlassen. Das machte sie sonst nie. Ich sagte: »Komm, Nuria, wir gehen jetzt.« Dann war sie bereit. Ich glaube, sie spürte, was los war, und sie war ganz ruhig. Während der Operation zeigte sich, dass sie ein Leberkarzinom hatte, das sich bereits im ganzen Körper ausgebreitet hatte. Daraufhin wurde sie noch in der Narkose erlöst.

In der Frage, was wirklich wirkt und in eine größere Weite führt, war Nuria eine Lehrerin für mich. Mit unserem normalen Bewusstsein und mit unserer normalen Sprache halten wir uns ja meist in einem solch kleinen Raum auf. Aber es geht so weit darüber hinaus. Auch bei der Erziehung von Kindern weiß man inzwischen, dass das meiste durch einfaches Sein und nicht durch Worte vermittelt wird. Die ganze Art der Eltern, ihre Seinsverfassung, wirkt viel stärker auf das Kind als das, was bewusst mit Worten vermittelt wird.

Nuria spürte auch, wenn es anderen Tieren nicht gut ging. Jeden Kratzer, den sich die Schweinchen geholt haben, hat sie beleckt und versucht zu heilen. Sie fand ein vermisstes Kälbchen in einer Felsspalte und zeigte durch ihr Lecken, dass es eine Fußverletzung hatte. Ich ging dann zurück, um einen Eimer mit Kamillenwasser zu holen. Nuria ging sonst immer mit mir, aber in dieser Situation blieb sie die ganze Zeit bei dem Kälbchen, bis ich wieder zurückkam. Sie war die Hüterin der Tierschutzstelle.

Nuria kam aus einem Luzerner Tierheim. Vanja hatte davon gehört, dass es dort gerade Welpen gab. Das waren Nurias Welpen. Er merkte, dass sich viele Menschen für die Welpen interessierten, aber niemand für die Mutter. Als ich dann mit ihm dort war, hatten Nuria und ich gleich eine wunderbare Begegnung. Es war Liebe auf den ersten Blick.

Hier auf der Rigi hat man mich dann oft Schwester Nuresia genannt, weil es Nuria und mich nur im Doppelpack gab. Das Zusammensein mit ihr war so eindrücklich. Wenn ich etwas nur dachte, schien sie davon schon etwas aufgenommen und verstanden zu haben. Manchmal lief es mir dann kalt den Rücken herunter. Einmal dachte ich, ich muss jetzt aufstehen und die Hähnchen in ihre Behausung führen. Noch bevor ich mich rührte, stand Nuria auf und tat genau das. Solche Situationen gab es immer wieder. Einmal begleitete ich jemanden in die Hundeschule. Die Trainerin gab den Hundebesitzern Anleitungen, wie sie ihren Hunden Signale geben sollten. Zum Beispiel: Hier bleiben und warten. Ich war es nicht gewohnt, mich mit Nuria über Worte zu verständigen. Wir haben stets eine wortlose Verbindung gehabt. Die Trainerin wies mich immer wieder drauf hin, ich müsse mit dem Hund reden und ein Signal vereinbaren. Aber es war einfach nicht nötig. Ich habe es gedacht und Nuria hat es gemacht. Nuria hatte für jedes Tier ein Mitempfinden. Wenn mir nicht auffiel, dass es einem Hühnchen schlecht ging, legte sie sich daneben und winselte leise, damit ich aufmerksam wurde.

Im Zusammenleben mit Nuria habe ich gemerkt, was für ein Wunder diese Kommunikationsmöglichkeit zwischen Tier und Mensch ist. Sie funktioniert ohne Worte. Die Worte sind eher zu kurz, man kann gar nicht alle Informationen in sie hineinpacken. Doch im Raum der Stille, der dahinter liegt, gibt es eine Ebene, auf der man sich ganz anders treffen kann. Mit Nuria funktionierte das so offensichtlich.

In gewissem Sinne war sie deine Verkörperung als Hund.
Ja, das ist eine schöne Idee. Und obwohl wir so verbunden waren, hat sie auch allen anderen Hunden, die in der Zwischenzeit zu uns kamen, immer Raum gegeben. Sie hat keinen Hund abgewiesen. Die anderen durften aus ihrem Futternapf fressen und in der Hütte schlafen.

Es erscheint mir sehr bemerkenswert, dass traumatisierte Tiere, wie zum Beispiel auch die rumänischen Hunde hier, auf dem Felsentor ankommen und nach einer Weile wie geheilt wirken.
Nuria war von der Polizei beschlagnahmt worden. Sie

kam von einem sehr schlechten Ort. Näheres erfuhren wir nicht, weil in Tierheimen großer Wert auf Datenschutz gelegt wird. Aber natürlich erzählte Nuria anfangs selbst davon, indem sie Panik vor allem hatte, was nach einem Stock aussah. Sie wich vor einem Besen ebenso zurück wie vor den Stöcken von Wanderern. Einmal stand sie jenseits des Zauns, als ich den Schweinestall ausmistete, und ich warf ihr einen Keks hinüber. Sie warf sich auf den Rücken und jaulte, als ob etwas Schweres auf sie geworfen worden wäre. Da konnte ich mir vorstellen, was sie erlebt hatte. Trotzdem war sie so hellhörig für alles, was ein anderes Tier brauchte. Ihre Ängste ließen mit der Zeit nach. Sie blieb ein stiller und aufmerksamer Hund, aber mit den Jahren wurde sie mutiger.

Gegenwärtig leben hier drei Hunde. Woher kommen die?
Marlon ist siebzehn, Mariechen vierzehn und Sarina auch schon zehn. Sarina kam aus dem Tierheim an der Ronn in Luzern. Mariechen und Marlon sind beide ehemalige Straßenhunde aus Bukarest in Rumänien.

Pia, eine Frau aus Bern, setzt sich in ihrer Freizeit sehr für rumänische Straßenhunde ein. Sie macht es möglich, dass solche Hunde in Österreich, Deutschland oder in der Schweiz einen Platz bekommen und mit Papieren einer Bukarester Tierklinik ausreisen dürfen. Pia wählt nicht nur Welpen aus, die gute Chancen haben, sondern oft auch alte oder blinde Hunde oder Hunde mit anderen Behinderungen. Manche haben durch Schläge ein Bein verloren oder haben andere schwere Verletzungen. Es ist so schön, wenn solch ein Tier noch einmal eine Chance auf ein Leben vor dem Tod bekommt.

Ich sah damals ein Foto von Marlon und erfuhr, dass er bereits einen Pflegeplatz in der Schweiz bekommen hatte. Da war für mich alles in Ordnung und ich dachte, er ist an einem guten Ort. Er hatte Lungenödeme, eine Herzerweiterung und durch sein Alter verschiedene andere Gebrechen. Mir schien es unmöglich, dass er sich hier auf der Alp hätte wohlfühlen können, wo es sehr kalt werden kann. Doch an dem Platz, wo er in der Schweiz gelandet war, konnte er nicht bleiben, weil er immer so stark hustete, und die Leute, bei denen er war, wollten ihn am 31. Dezember einschläfern lassen. Pia erfuhr davon und bat darum, ihn nicht einschläfern zu lassen und ihn zurückholen zu dürfen. Sie holte ihn am selben Tag dort ab und wusste auf dem Rückweg noch nicht, was sie mit ihm machen sollte. Sie fragte, ob er hierher kommen dürfe. So kam er hier an und er scheint sich wirklich wohlzufühlen.

Viele sehen diesen Ort als ein Paradies, wo so viele unterschiedliche Tiere, die man in den Städten oder auf dem Land sonst gar nicht mehr zusammen sieht, gemeinsam leben. Können alle Tiere gut miteinander leben oder gibt es auch Feindschaften und Unverträglichkeiten?

Vielleicht nicht gerade Unverträglichkeiten, aber ich passe zum Beispiel auf, dass kein Tier von den Ziegen mit ihren Hörnern gestoßen wird. Aber in der Regel können alle gemeinsam auf der Weide sein und es scheint, dass sie die Grenzen unterschiedlicher Arten und Rassen leichter überspringen können als wir Menschen. Wir Menschen entwickeln mehr Ängste vor dem Fremden. Es mutet tatsächlich eigenartig an, wie sie hier alle beieinander sind, die Hunde neben den Katzen, die Schweinchen zwischen den Schafen, Anton, der Eber, und die Ziegen. Die Masthähnchen sind gerade irgendwo unterwegs und tauchen wieder auf, wenn sie denken, es sollte Futter geben. Auch Nandi ist erstaunlich. Man hat sonst kaum Gelegenheit zu erleben, dass ein Stier so sein kann. Manchmal liegt er auf der Weide und die kleineren Kälber sind um ihn herum. Dann schleckt er eins nach dem anderen ab und das ist eine so beruhigende Geste. Auch in der Kuhherde gibt es spezielle Freundschaften. Es gibt befreundete Kühe, die immer zusammen sind. Andere suchen immer die Nähe von Nandi. In der normalen Tierhaltung wird auf so etwas ja gar keine Rücksicht genommen. Die Ignoranz demgegenüber, was Tiere eigentlich brauchen und schätzen, ist so groß.

Mir ist noch deutlich in Erinnerung, wie wir Nandi und

den Kühen vor ein paar Tagen begegneten, als wir mit dem Lämmchen, den Hunden, Olga und Momo den Weg von der Weide entlang kamen. Du nahmst Mariechen auf den Arm, klemmtest das Lämmchen zwischen deine Beine, damit es nicht zwischen die Kühe geriet, und wir stellten uns in Reih und Glied hintereinander auf, damit die Kühe genug Platz hatten. Die zogen dann auch schwanzwedelnd an uns vorbei und wir machten uns ganz schmal. Nandi aber blieb an der breitesten Stelle des Weges am Rand stehen und wartete geduldig, bis wir schließlich an ihm vorbeigegangen waren, so als hätte er unsere Unsicherheit gespürt.

Heilsame Begegnungen mit Tieren

Ursula Richard: *Die Verbindung von Tierschutzstelle und Seminarhaus sowie Zen-Tempel hier am Felsentor ist ja recht ungewöhnlich und macht den Ort zu etwas sehr Besonderem. Und dann gibt es ja noch diese Sage ...*

Schwester Theresia: Ja, ich denke, das Felsentor ist ein besonderer Platz allein schon durch die Alp und ihre wunderbare Umgebung. In einem alten Sagenbuch wird die Felsentorlegende erzählt. Sie ist sehr inspirierend. Einst lebte am Felsentor ein Kapuzinermönch namens Onuphrius. Seine Aufgabe war es, die Gebetsglocke für die Bergbewohner zu läuten. Er war Ansprechpartner für Suchende, verstand sich auf Heilkräuter und linderte die Schmerzen der Menschen. Er hatte ein offenes Ohr und stets einen guten Rat für alle. Seine Besonderheit bestand darin, dass er auch mit den Tieren kommunizieren konnte. Die Legende beschreibt, wie er über die Alp zog und leise wispernd mit den Wildtieren sprach. Er versteckte Rehe und andere Tiere vor den Jägern. Er kannte jeden Felsspalt und jede Höhle und brachte sie zu ihrem Schutz dorthin. Er war so beschäftigt mit den Tieren, dass er manchmal vergaß, die Gebetsglocke zu läuten. Es steht geschrieben: »Er war nicht so sehr ein Mann der Kirche als vielmehr ein weiser Ratgeber für Tier und Mensch.« Als eines Tages die Gebetsglocke gar nicht mehr zu hören war, kamen die Leute, um nachzusehen, und entdeckten, dass der Mönch mit über hundert Jahren gestorben war. Drei Tage lang herrschte aber ein so dichter Nebel, dass es unmöglich war, den Leichnam abzuholen und hinunterzubringen. Nachdem die Sonne wieder durchgebrochen war, war sein Körper nicht mehr auffindbar. Dafür sah man in dem großen Felsgestein, das dem Felsentor seinen Namen gegeben hat, sein Gesicht.

Vanja wusste beim Kauf des Felsentors, eines lange Jahre leerstehenden Hotels, nichts von dieser Sage. Mir kommt es so vor, als wenn in ihm als Zen-Mönch dieser alte Mönch zurückgekommen ist. Der alte Mönch war ein Kapuziner, also aus der franziskanischen Linie. Da schließen sich die Kreise.

Wir haben zu Beginn schon einmal darüber gesprochen, dass der Umgang mit den Tieren, der durch die Tierschutzstelle ermöglicht wird, auch sehr viel Heilendes für die Menschen hat, so zum Beispiel auch für die Volontäre, die hierherkommen und mitarbeiten möchten.

Gerade bei Volontären, die wiederkommen, kann es

durch das Tun zu heilenden Prozessen kommen. Und auch die Tiere spüren die Wiederbegegnung. Einige haben mich immer wieder nach ihrer Arbeit am Felsentor wissen lassen, dass sie ihnen wie eine Meditation vorkam. Andere sprachen davon, dass sogar körperlicher Schmerz von ihnen abfiel. Vier Lehramtsstudierende, die einmal hier waren, schrieben mir später eine Postkarte, auf der stand: Seit wir dem Anton in die Augen geschaut haben, haben wir unsere Essgewohnheiten geändert. Auch eine Filmemacherin, die kürzlich hier war, sagte, sie esse nie wieder ein Schwein.

Oben im Sonnenhüsli sind oft für einige Tage Kinder aus Heimen so ähnlich wie die Bubenburg. Die Leiterin rief eines Tages an und fragte, ob eine Gruppe von Kindern, die besonders große Probleme hätten und von denen viele hyperaktiv seien, die Tiere besuchen könnten. Es war erstaunlich, wie aufmerksam ein als besonders schwierig geltender Junge den Geschichten über die Tiere lauschte, die von den schlechten Startbedingungen der Tiere handelten. Er wurde immer ruhiger. Momo war sein Liebling. Er sah, wie schwer es Momo, das Schaf, mit seiner Gehbehinderung hat und wie geduldig es trotzdem ist. Er umarmte das Schäfchen und wurde ganz still. Ich glaube, dass in diesem Augenblick ganz viel Heilendes geschah, ohne dass es ihm bewusst war. Wenn ein Kind sich öffnen kann und Mitgefühl für andere empfindet, schließt das vielleicht auch das eigene Leid mit ein.

Am Anfang habe ich den Helferinnen und Helfern in der Tierschutzstelle genau erklärt, was jeden Tag zu tun ist, was die Tiere gewohnt sind und sich bewährt hat. Irgendwann fiel mir auf, dass ihnen das vielfach den eigenen Bezug zur Arbeit nimmt. Wir kamen dann darauf, dass wir ihnen am besten mit auf den Weg geben, selbst zunächst einmal Kontakt zu den Tieren aufzunehmen und eine Beziehung zu ihnen herzustellen. Wenn man die Tiere wirklich liebt, weiß man, was sie brauchen. Man weiß, dass man die Näpfe auswäscht, denn wir essen auch nicht von Tellern, die wir schon einen Monat lang benutzt haben. Diese Liebe ist die Grundlage. Das praktische Wissen kann dazukommen.

Bieten Orte wie das Felsentor die Chance, das eigene Leben neu auszurichten?

Wir hatten hier schon Volontäre, die tief in einer Krise steckten. So etwas lässt sich meines Erachtens oft nicht wirklich durch Gespräche lösen. Dann hilft es mehr, miteinander zu sitzen. Oder man überlässt es den Schafen. Sie haben Menschen schon oft wieder froh gemacht. Manchen, die hierherkommen, schlage ich deshalb vor, sich einfach zu den Schafen auf die Wiese zu setzen. Oder ich sage ihnen, dass Momo es mag, massiert zu werden. Einige kommen dann wie verwandelt zurück. Ein Schaf hat ihnen in die Augen geschaut. Das verwandelt sie.

Eine Kursteilnehmerin kam aus Schweden und sprach nicht gut Deutsch. Am Ende des Kurses sagte sie: »Ich bin gesegnet von der Begegnung mit den Tieren.« Das ist schön ausgedrückt.

Wie gehst du mit dem Leiden der Menschen um, die hierherkommen?

Das Leiden betrifft uns alle. Nicht nur uns Menschen, auch den Momo und das Joggeli – alle Wesen. Der Mensch ist mit dieser Situation nicht einzigartig. Kürzlich erzählte mir jemand, seine Mutter sei nicht gut zu ihm gewesen. Als Kind hätte er aber doch wohl ein Recht darauf gehabt, von der Mutter gesehen zu werden. Ich sagte, dass sei wohl so, aber wahrscheinlich sind mehr als die Hälfte der Menschheit auf die Welt gekommen, ohne dass es jemand wollte. Er meinte, es helfe ihm überhaupt nicht, dass es anderen so ginge. Ich glaube, das ist eine typisch menschliche Falle. Wir sind so angefüllt mit unserem Leid, dass fremdes Leid unser eigenes nicht zu relativieren hilft.

Vielleicht ist das eine Frage der Lebensphase. Sicher gibt es auch Zeiten, in denen es einem hilft, zu sehen, dass es anderen auch schlecht geht. Und manchmal funktioniert das auch nicht. Ich erinnere mich, dass eine der Hauptpersonen in dem Film von Doris Dörrie »Grüße aus Fukushima!«, eine Deutsche, sinngemäß sagt, sie habe nach Fukushima gehen wollen, wo es den Leuten wirklich schlecht geht, weil sie gehofft habe, es würde ihr dann besser gehen. Was nicht geklappt hat.

Die Ansicht, ein Recht auf die Liebe der Mutter zu haben, und das dann immer mit der eigenen Lebenssituation zu vergleichen, in der das vielleicht nicht der Fall war, verlängert aber doch letztlich nur das Leid. In vielen Teilen der Welt leben Menschen in Situationen, wo es nur darum geht, sich über Wasser zu halten. Sie haben weder einen Sinn für Tierschutz noch für spirituelle Wege. Sie sind vollkommen mit dem eigenen Überleben beschäftigt.

Aber trotzdem ist auch hier bei uns, in unserer im Vergleich doch privilegierten Gesellschaft, das Leiden existent.

In meiner Arbeit mit Kindern habe ich manchmal gehört, dass einige dieser Kinder nicht in der Lage seien, unsere liebevolle Zuwendung wahrzunehmen. Sie haben dann nicht deswegen gelitten, weil sie keine Liebe bekamen, sondern weil sie sie nicht sehen konnten. Ich glaube, das ist unsere allgemeine Verfassung als Menschen.

Manchmal war ich auch schon auf der Weide und gleichzeitig voller Dunkelheit und trüber Gedanken, was ich sagen oder tun könnte, bis mir auffiel: Ich sitze doch hier im Paradies! Mein Traum, mit den Tieren zu sein, hat sich hier auf der Alp erfüllt. Vanja ist da und ich werde weder vom Kloster noch vom Vatikan behelligt. Und trotzdem sehe ich manchmal nichts davon und bin nicht dankbar.

In der Notstelle der Mentl-Villa hat es mich sehr beschäftigt, was dazu führt, dass junge Leute so abstürzen und krank werden. Die Annahme, ein sozial schwaches Elternhaus sei dafür verantwortlich, hat sich in der Praxis nicht bestätigt. Viele kamen aus besten Elternhäusern, materiell gesehen hatten sie alles und sie waren trotzdem so verloren. Es ist ein Geheimnis. Mir kommt es so vor, dass man diesem Geheimnis im gemeinsamen Sitzen am nächsten kommt, auch wenn man den Namen und die Geschichte der anderen Person nicht kennt.

Während des Sitzens sind auch die Quellen der einzelnen Religionen vereint. Dann gibt es keinen Unterschied zu dem, was im Christentum als Kommunion verstanden wird.

Engagement für den Tierschutz

Ursula Richard: *Wie kommen die Tiere zu euch?*
Schwester Theresia: Manchmal rufen Menschen an, die ihr Schaf, ihre Kuh oder ihre Ziege vor dem Schlachthof retten wollen. Im Tierschutz gab es früher wenig Zusammenhalt. Schon in Österreich fiel mir auf, dass jeder nur auf die eigenen Belange schaute. Ich weiß nicht, warum das so war. Irina Hauswirt, die im Berner Jura einen Gnadenhof aufgemacht hat, brachte uns dann alle zusammen. Inzwischen sind wir gut vernetzt und können uns so immer kurzschließen, wer gerade Platz für welche Tierart hat. Niemand muss mehr allein suchen, sondern kann per E-Mail bei anderen um Hilfe nachfragen. So ist die Wahrscheinlichkeit größer, dass ein Tier rechtzeitig einen Platz bekommt. Einmal rief mich eine Mutter an und fragte, ob wir Platz für ein erwachsenes Hausschwein hätten. Sein Name war Pink. Ihre Tochter hatte mit ihrer Grundschulklasse einen Mastbetrieb besucht und dabei begriffen, wie traurig das Leben der Tiere dort ist. Die Mastschweine lebten weggesperrt, ohne Beschäftigungsmöglichkeit und sogar ohne Stroh zum Liegen. Ihre Tochter versuchte sie

zu überreden, ein Schwein von dort zu retten. Aber die Familie lebte in einer normalen Wohnung in Bern. Die Mutter fragte einen Bauern in der Nähe und brachte tatsächlich bei ihm ein Ferkel für die Tochter unter. Ihre Tochter kümmerte sich wirklich täglich um das Schwein. Inzwischen war es drei Jahre alt und die beiden waren ein Herz und eine Seele. Sie ritt sogar auf ihm. Doch nun wollte der Bauer das Schwein plötzlich weg haben, denn er hatte mit ihm gezüchtet, aber es hatte schon zweimal Fehlgeburten gehabt. Sie bekam keine gesunden Jungen. Er wollte sich das nicht länger leisten, sondern ein eigenes gesundes Schwein anschaffen.

Innerhalb von fünf Tagen telefonierte ich alle potenziellen Stellen durch, um einen Platz für das Schwein zu finden. Nach drei Tagen rief mich die Mutter an und sagte, das Schwein habe ohne Anzeichen einer Krankheit tot im Stall gelegen. Schweine sind so sensibel. Das Mädchen hatte natürlich geweint, als sie hörte, dass der Bauer das Tier nicht mehr haben wolle, und das Schwein hat wohl gemerkt, dass etwas Ungutes im Gange war. Schweine sind sehr anfällig. Manche sterben durch ihre starke Überzüchtung beim Verfrachten in den Transporter, weil ihr schwaches Herz die Aufregung nicht übersteht.

Ich bin froh, dass es durch unsere Zusammenarbeit jetzt mehr Hilfe gibt und man schneller einen Platz findet. Wir Tierfreunde treffen uns auch auf Facebook und tauschen uns aus. Es gibt mittlerweile auch viele Menschen, die als Einzelne ihre ganze Liebe und Kraft und ihr Geld in diese Arbeit investieren. Vor Kurzem mussten wir einer solchen Frau helfen, die privat Ziegen, Schafe und achtzehn Mastschweinchen hielt. Sie ging arbeiten, um Geld für ihr privates Engagement zu verdienen. Doch zum Schluss mussten die Tiere ein neues Zuhause finden. Für Schafe findet man leichter jemanden, aber wer hat schon die Möglichkeit, ein so großes Tier wie ein Schwein zu halten?

Einerseits wissen wir heute immer besser Bescheid über das Leid der Tiere. Andererseits nimmt die Fleischproduktion weltweit zu. In diesem Jahr (2015) wurden so viele Schweine wie noch nie geschlachtet. Selbst in Ländern, in denen vormals vegetarisch gegessen wurde, steigt mit dem Wohlstand automatisch der Fleischkonsum. Warum ist das deiner Meinung nach so?
Das scheint eine allgemeine menschliche Tendenz zu sein. Es ist so traurig, zu welch niedrigen Preisen Schweinefleisch angeboten wird und wie viel davon wieder weggeworfen wird. Es ist unglaublich, was in unserem Bewusstsein Platz hat. Auf der einen Seite das Wissen, auf der anderen Seite das Nicht-Hinschauen und Nicht-wissen-Wollen. Hauptsache mir geht es gut und nach mir die Sintflut.

*Die Bauern hatten früher sicher noch ein anderes Verhält-
nis zu ihren Tieren, als es mittlerweile in den Mastbetrieben
vorherrscht. Hast du den Eindruck, das Bewusstsein davon,
dass die Massentierhaltung letztlich ein Verbrechen an den
Tieren ist, wächst heute unter Bauern?*

Ja, die Bauern finden diese Situation auch immer weniger zufriedenstellend. Zunehmend geben sie ihre besten,
ersten oder zahmsten Kühe nicht mehr in den Schlachthof, sondern suchen nach einem Kuhgnadenhof. Dadurch
wird deutlich, dass es an Plätzen dafür fehlt. Irina, die unsere Vernetzungsarbeit leistet, nutzte einmal für die Vermittlung von achtzehn Schweinen sämtliche Medien, um
nach allen nur auffindbaren Plätzen zu suchen. Erstaun-
licherweise meldeten sich einige Bauern, die gerade von
Nutztier- auf Gnadenhoftierhaltung umstellten. Aber sie
wollten finanziell keine Abstriche machen. Für eine Kuh
verlangten sie 250 bis 300 Schweizer Franken pro Monat.
Das ist gerade noch erschwinglich. So wurden bereits zu
zwei Bauernhöfen Gnadenhoftiere gebracht. Aber wir
mussten erkennen, dass die Bauern diese Tiere meist genau wie ihre Nutztiere zuvor, mit minimalem Aufwand
und im Stall eingesperrt, hielten, und so war es ja nicht
gedacht. Wir dachten an eine andere Lebensweise für die
Tiere. Grundsätzlich gibt es in der Schweiz eine Tendenz
zur artgerechten Haltung. Gleichzeitig existiert die indus-
trielle Massentierhaltung weiter und die Fleischwerbung

bleibt auch nicht stehen. Ich erinnere mich daran, dass in Österreich immer mit dem Slogan »Fleisch, ein Stück Lebenskraft« geworben wurde. Das suggeriert, ein Mensch würde nicht gesund leben, wenn er keine Leichenteile äße.

Was kann einen Umdenkprozess eher befördern: ein Besuch auf einem Gnadenhof oder im Schlachthof?
Das sind zwei unterschiedliche Ansätze. Es gibt Menschen, die sagen, sie können sich Filme über Schlachthöfe, Tierversuche oder den Walfang nicht ansehen. Das kann ich verstehen, denn es ist so brutal. Die andere Seite ist einfacher. Wenn uns zum Beispiel Wanderer, Schulklassen oder Familien mit Kindern besuchen, erleben sie Schweinchen Anton. Sie sehen, wie intelligent er ist, und sehen sein Lächeln. Sie können ihn anfassen und er antwortet, wenn man mit ihm redet.

Meine Hoffnung ist, dass den Kindern, wenn sie das hier erleben, irgendwann klar wird, dass man mit solchen Wesen nicht so umgehen kann wie heute noch üblich. Man kann nicht einen Anton kennenlernen, mit ihm Freundschaft schließen und ein anderes Hausschwein auf dem Teller haben.

Aber auf dem Teller liegt ja nicht das Schwein, sondern das Schnitzel. Stellen Kinder trotzdem diese Verbindung her?
Wenn Kinder hierher kommen, erzähle ich ihnen nur we-

nig über die brutale Seite der Tierhaltung. Ich hoffe, dass etwas von der Schönheit der Tiere bei ihnen ankommt. Vielleicht nicht über den Verstand, aber auf anderem Wege. Auch bei den Erwachsenen habe ich bemerkt, dass die Gegenwart der Tiere etwas bewirkt. Anfangs fragten manche belustigt, wann es denn die Schweinswürstchen gebe. Im Gespräch verwandeln sich die belustigten dann in nachdenkliche Gesichter. Doch die größte Botschaft überbringen die Tiere selbst. Manche Besucher kommen extra wegen Anton und fragen: »Lebt die große Sau noch?« Bei uns ist es ja üblich, dass ein Hund als Familienhund im Haus gehalten wird und das Schwein isst man. Doch diese Tiere sind vergleichbar intelligent und anhänglich. In China werden Hunde gegessen. Das ist für uns undenkbar. Es gibt so viel Unbewusstes, Unhinterfragtes und kulturell geprägtes Empfinden in unserem Geist.

Unsere Novizinnenmeisterin erzählte uns früher von der Einfalt des heiligen Franziskus. Damals verstanden wir das. Inzwischen ist das Wort Einfalt von seiner Bedeutung her in die Nähe der Dummheit gerückt. Doch eigentlich bedeutet es, ohne Hinterhalt, ganz offen, klar und bewusst zu sein. Franziskus verfügte über völlige Klarheit und Transparenz und über umfassendes Vertrauen in das Ganze. Diese Einfalt, wie sie uns von der Novizinnenmeisterin nahegelegt wurde, hat wohl kaum eine von uns jemals erreicht. Aber die Tiere haben sie.

Ein bekannter tibetischer Mönch, der Franzose Matthieu Ricard, hat jüngst ein Buch mit dem Titel Plädoyer für die Tiere *veröffentlicht. Das Buch ist mit Fakten gespickt und enthält auch lange Beschreibungen von Schlachthausszenen. Und es ist voller inspirierender Gedanken über einen anderen Umgang mit Tieren. Ich habe ihn kürzlich interviewen können. Er meinte, eine Reaktion auf sein Buch sei immer wieder die Frage gewesen: »Gibt es denn nichts Wichtigeres, zum Beispiel die syrischen Flüchtlinge oder das Erdbeben in Nepal?«*

Dieses Gegeneinanderstellen passiert so häufig. Wenn jemand seine Stimme gegen Tierversuche erhebt, wird er gefragt: »Möchtest du, dass Kinder an Krankheiten sterben?« Aber das ist doch gar nicht folgerichtig. Ich hörte auch schon, wie jemand sagte: »Wenn alle Menschen zu essen haben, fange ich an, mich um Tiere zu kümmern.« Doch dann fängt es ja nie an!

Es fehlt das Begreifen, wie alles miteinander vernetzt ist. Welche Dunkelheit in unserer Psyche erschaffen Schlachthöfe? Die Dunkelheit geht dem Tun und der Verschleierung des Tuns voraus. Das Verstecken und der private Genuss erschaffen wiederum Dunkelheit. Wenn wir mit einem wehrlosen Wesen, das genau wie wir nach Glück strebt, gerne lebt und Leiden vermeiden will, so umgehen, es brutalst niedertreten, quälen und ignorieren, dann gehen wir doch mit anderen Menschen auch nicht viel besser um.

In der Evolution gab es aber auch lange Phasen, in denen es wohl nötig war, dass Menschen Fleisch aßen. In bestimmten Regionen, wie zum Beispiel Tibet, gibt es kaum andere Ernährungsmöglichkeiten.

Ja, aber dort gibt es keine Massentierhaltung, in der man von Waren redet. In der Masthühnchenproduktion wird von »Ernte« gesprochen, wenn eine Ladung abgeholt wird. Wir machen uns mit Worten einen eigenen Film. Kürzlich las ich, dass jedes Jahr allein in Deutschland fünfzig Millionen männliche Küken vergast und dann geschreddert werden. Fleischereien ziert oft das Bild eines lustigen Schweins im Grünen. Ich lebe hier mit Hühnchen und wenn ich bei im Supermarkt an der Fleischabteilung vorbeigehe, sehe ich die weißen verpackten Hautkörperchen.

Man weiß heute, dass die Massentierhaltung zum Klimawandel beiträgt.

Ja, auch zu Hungersnöten für Menschen. Wenn ich höre, wie jemand auf das Engagement von Matthieu Ricard antwortet, man solle sich doch erst einmal um die Flüchtlinge kümmern, denke ich, dass genau solch ein Mensch, der so spricht, vermutlich selbst nicht viel dafür tun wird. Jemand, der Mitgefühl für das Leid hat, zieht keine Grenze. Er sieht unterschiedliche Wesen oder Gattungen und zugleich die wesentlichen Übereinstimmungen zwischen ihnen, nämlich den Wunsch, frei von Leid zu sein, zugehörig und akzeptiert zu sein, frei von Schmerzen und der eigenen Art entsprechend glücklich zu sein. Wenn man ein Wesen so beschreibt, gibt es keinen Unterschied zu anderen Wesen.

Müsste es nicht viel mehr Tierrechte geben?
Ja, das Bemühen in diese Richtung währt schon lange. Der erste Schritt ist, Tiere nicht als Ware zu deklarieren. Das Tierschutzrecht spricht davon, dass man Tieren nicht ohne wichtigen Grund Schmerzen zufügen darf. Doch als ein wichtiger Grund gilt unser Fleischverzehr. Das ermöglicht die Schlachthöfe und ihre Begleiterscheinungen, wie beispielsweise eine ungenügende Betäubung während des Schlachtprozesses. Hühnchen werden mit dem Kopf nach unten durch ein Elektrowasserbad geführt. Doch wenn sie davor den Kopf heben, gehen sie danach lebend durch die Brühmaschine. Alle diese Dinge gibt es noch. Es ist unglaublich, wozu wir Menschen fähig sind. Wir haben das ganze Spektrum in uns.

Im Rahmen meiner Tierschutzausbildung habe ich mir in der Nähe von Graz einen Musterhof für Rinder angeschaut. Die Tiere hatten Auslauf und wurden gut betreut. Ein Bauer zeigte und erklärte uns den Vorzeigehof. Wir sind dann einfach auf diesem Gelände noch etwas herumgelaufen und haben ungefragt einen großen Stall betreten. Dort standen die Schweine dicht an dicht, so-dass sich keines drehen konnte. Nur Aufstehen und Hin-legen waren möglich. Zwei Schweine lagen, sie konnten nicht mehr aufstehen. Der Bauer entdeckte uns und war nicht erfreut. Auf unsere Frage, warum die Schweine so gehalten würden, sagte er, das mache nichts, die kämen sowieso nächste Woche in die Schlachtung. Die Schweine hatten trotz ihres jungen Alters riesige Körper. Sie werden ja nur fünf Monate alt. Aber mit fünf Monaten ist auch ein Schwein noch ein Kind. Mit ihren hundert Kilo können sie dort schon nicht mehr auf den Beinen stehen. Und so etwas isst man dann.

Die Tierschutzorganisation PETA hat undercover in Schlachthöfen geforscht und herausgefunden, wie viel Sadistisches zum täglichen Töten der Tiere noch hinzukommt. Dort wird ein Wahnsinn ausgelebt, eine Dunkelheit, die schon vorher da ist. Das Schlachten ist nur das Ergebnis. Dort herrscht die gleiche Gespaltenheit wie im Nationalsozialismus: Im KZ wurden Kinder umge-bracht und die eigenen Kinder zu Hause behandelte man liebevoll. Hitler war sogar Vegetarier.

Wir müssen diese Gespaltenheit überwinden. Unser Weg sollte hin zu einem großen, allumfassenden Bewusst-sein führen, in dem wir uns als einen Teil des Ganzen se-hen lernen.

Hast du das Gefühl, die Menschheit bewegt sich in diese Richtung?

Ich sehe, dass man in Ländern, in denen es den Menschen gut geht, eher damit rechnen kann. Offensichtlich muss erst ein bestimmter Lebensstandard erreicht sein, bevor sich Menschen so etwas leisten wollen und Einfachheit wieder schätzen. Mit jedem Sitzen weiß ich, dass ich mit alldem sitze, mit dieser Frage, mit allen Wesen, mit der menschlichen Verfasstheit und mit dem Leid der Tiere. Die Tiere sitzen auch. Alle sitzen gemeinsam. So, wie mit Anton, sitze ich auch mit allen Schweinen, die nicht hier sind.

Aber man löst die Frage nicht mit dem Sitzen.

Man löst sie vordergründig nicht, zumindest nicht so, wie wir es als verstandesmäßig zufriedenstellende Lösung sehen würden. Und doch bin ich zutiefst überzeugt, dass etwas wirkt, auch wenn es nicht zu wissen, zu zählen oder zu messen ist.

Suzuki Roshi sprach davon, eine Ecke der Welt zu erhellen. Die Meditation wirkt so. Wenn ein Mensch dazu durchdringt, die Dinge in einem weiteren Feld zu sehen, dann werden Ideen solcher Art leichter unterstützt.

*Ken Wilber, einer der Vordenker einer integralen Spiritua-
lität, spricht davon, dass in Schwellensituationen nur eine
kritische Masse von vielleicht fünf bis zehn Prozent der
Menschen nötig sei, um einen fundamentalen Wandel zu
bewirken. Mir kommt es gegenwärtig wie ein Wettlauf zwischen unseren destruktiven und den konstruktiven Eigenschaften vor. Die Entwicklung ist offen.*

Das Kriterium ist immer das Bewusstsein, wie etwas gesehen wird. Wenn Menschen das Schäfchen sehen, ist eine
Verbindung entstanden. Zu denjenigen, die unsichtbar in
einem Transporter auf der Autobahn stecken, kann das
nicht entstehen. Einmal meinte eine Besucherin: »Also, ich
sehe hier nur ein Schwein.« Aber die meisten sehen nicht
nur ein Schwein, wenn sie die Tiere kennengelernt haben.
Es ist ja schon besonders, dass sie überhaupt ein Schwein sehen. Es kommen Erwachsene hierher, die sagen, sie hätten
noch nie ein erwachsenes Hausschwein in Freiheit gesehen.

*Durch unsere städtische Lebensweise verlieren wir immer
mehr die Verbindung dazu. Kinder wissen oft nicht, woher
Milch eigentlich kommt. Aber kommen hierher nicht solche
Besucher, die schon ein bestimmtes Bewusstsein haben?*

Ja, das stimmt. Die meisten sind Gäste, die einen Kurs besuchen und damit schon buddhistisch oder spirituell aus-
gerichtet sind. Und Wanderer, die vorbeikommen, sind
Menschen, die es in die Natur zieht.

Wenn ich mit den Tieren über die Alp gehe und der Hintergrund, der uns alle trägt, mir wieder so gegenwärtig wird, fällt mir oft die taoistische Geschichte ein, die davon erzählt, dass jemand durch einen Pfirsichhain streift. Plötzlich bemerkt er einen Eingang. Er geht hinein und kommt in einer anderen Welt an, die dem Paradies in der Genesis gleicht. Dieses Bild gibt es ja in allen Religionen, weil es einfach in unserer Sehnsucht vorhanden ist, dass es diesen Ort der Verbindung von Gott und Mensch geben muss. Er fühlt sich dort sehr wohl, denkt dann aber, er sollte diesen Ort auch anderen zeigen. Er verlässt das Paradies, um andere dorthin zu geleiten, doch er findet niemals wieder den Eingang. Der Eingang ist so subtil. Es ist aber wunderbar, dass es immer wieder Dinge gibt, die uns helfen, unsere Augen und Herzen zu öffnen.

Die Kunstschule Luzern plant ein Projekt für die Schweine in Masthaltung. Es trägt den Titel »Die Grundlosigkeit der Sehnsucht« und soll den Schweinen den Himmel in den Stall bringen, weil sie den Himmel nie sehen. Es soll sie mit ihrer Sehnsucht in Verbindung bringen. Das ist tiefgründiger, als man denkt. Mastbetriebe wollen das nicht. So etwas wird als Störung betrachtet. Außer zu den Futterzeiten darf niemand in diese Betriebe, weil die Schweine sonst vor Aufregung abnehmen könnten. Doch die Kunstschule hat sechs Orte gefunden, wo Schweine nicht so streng eingesperrt sind. In fünf anderen Betrieben sind immer noch über hundert Schweine ohne Auslauf.

Hier bei uns, wo die Schweine nicht eingesperrt sind, will ein Künstler Bildstöcke für all jene Tiere anfertigen, die nicht hier gelandet sind. So kann man Anton sehen und hat einen Bildstock für alle Schweine in den Mastanlagen. Ein Bildstock soll vor dem Felsentor in der Baumallee platziert werden, ein anderer unten vor der Tierschutzstelle und ein dritter für die Wanderer, die von oben herunterkommen. Die Bildstöcke werden von Schlachthöfen genauso erzählen wie von Menschengesichtern, Kriegsgebieten und Wüsten.

Es ist hoffnungsvoll zu sehen, wie viel heute geschieht und das auf ganz unterschiedlichen Ebenen …
Ja, obwohl ich selbst so viele Informationen über Tierschutz verteile und Flyer von vielen Organisationen auslege, hoffe ich nicht so sehr auf die Kraft der Information. Dabei fehlt doch immer etwas Wesentliches.

Das Sitzen während der Zen-Meditation kommt mir vor wie die Teilhard'sche Messe über die Welt. Als er in der Wüste war, hatte er eine kosmische Schau. Er feierte eine heilige Messe mit allem, was ist, nahm seine Blechbüchse als Kelch und erlebte ganz allein eine ganzheitliche Schau. Bernhard von Clerveaux hat sich in den Wald zurückgezogen, um für eine kurze Einsiedlerzeit die Nähe Gottes zu suchen. Er war so gotteserfüllt, dass er den Ostersonntag nicht mehr wahrnahm. Das hatte keine Bedeutung mehr.

Wir können überall zur Einheit finden. Ich weiß nicht, ob sich daraus Lösungen ergeben. Aber durch das Verbundensein mit dem Leid aller Wesen hoffe ich, etwas zu bewirken.

© CB

Résumé

Trotz all der Hektik im Alltag führe ich ein kontemplatives Leben. Theresa von Avila sprach von der Seelenburg und deren inneren Räumen. Im Innersten ist die Zelle der Einheitlichkeit, die nie verloren geht. Auch im Zen schließen sich äußere Räume und dieser innerste Raum nicht aus. Je älter ich werde, umso weniger Energie habe ich. Ich gebe die Energie mittlerweile weniger in die Vielfältigkeit als vielmehr in die Tiefe. Damit verändert sich auch meine Art des Zugehens auf andere.

Ich würde nicht sagen, dass Tiere mir heute näher als Menschen stehen. Aber ich empfinde mich in einer Art Wächterposition, den vom expandierenden menschlichen Geist bedrohten Tieren einen Raum zu geben. Ich sorge dafür, dass sie überhaupt noch gesehen werden. Es gibt so viel falsche Suche nach dem Glück, die nicht weiterführt. Unser aller Los ist es, manchmal an den falschen Stellen zu suchen. Bei dieser individuellen Suche haben Tiere oft keinen Platz mehr.

Glück können wir aber nur gemeinsam finden. Die Tiere drücken etwas aus und ich erzähle davon im Zendo. Es ist wunderbar, wenn im Zendo Raum für etwas ist, das größer als unser kleines Bewusstsein ist. Die Gemeinschaft umfasst auch noch das Kleinste. Alles, was es gibt, kann uns lehren. Mitten im Festgefahrensein, wenn man gar nichts mehr sieht, kann man doch noch die Erinnerung daran haben, dass alles einen etwas lehren kann. Die Wanderer haben vielleicht einen ganzen Tag im Nebel verbracht und kommen dann von Kaltbad hier herunter, wo die Sonne scheint. Doch im Nebel konnten sie sich kaum noch daran erinnern, wie es aussieht, wenn die Sonne scheint und der Himmel blau ist.

Jemand sagte einmal: »Du fällst nie hinter dein erstes Sitzen zurück.« Dabei ist unumstößlich ein Blick ins Innere getan worden. Das ist das allergrößte Geschenk. Jeder Umstand und jede Situation wird dadurch zweitrangig. Die wirkliche Wahrnehmung kommt von woanders. Nicht da ist das Glück, wo die Dinge so sind, wie man sie sich zurechtlegt. Dieser eine Blick in das Ganze ist eigentlich schon alles. Danach kann man sich auch im tiefsten Nebel erinnern, dass darüber die Sonne scheint. Dann beginnt der Prozess, alles lieben zu lernen. Dieser eine Blick weitet unwiderruflich den Blick und alles wird *ein* Leben. Die eigenen vier Wände werden niedergerissen.

Mit achtzehn Jahren traf ich im Zisterzienserkloster Schwester Benedikta, die zu der Zeit Novizin war. Sie war als besonders einsatzfähige und engagierte Sozialarbeiterin im Münchner Raum bekannt geworden. Von ihr hatte ich immer wieder gehört. Ich wunderte mich, dass ausgerechnet sie in den kontemplativen Orden der Zisterzienser, die keine sozialen Aufgaben übernehmen, eingetreten war. Ich fragte sie, warum sie das getan habe. Es gab mir noch lange zu denken, dass sie sagte: »Von hier aus kann ich mehr tun als mit zwei Händen.«

Der folgende kleine Text berührt mich noch heute sehr, weil darin die Art, mit den Wesen zu sein, wie sie Franziskus gelebt hat, so gut beschrieben wird. Darin drückt sich dieses Universelle aus, das Franziskus leben konnte, weil er nicht von so vielen Dingen in sich selbst besetzt war. In ihm war einfach Raum.

> »Er ist ganz heil und heilt alles, was er berührt. Die ewige Liebe hat ihn für sich eingenommen. Es ist keinerlei Widerstand mehr in ihm gegen diese lebensspendende Liebe, die alles sanft überwinden und durchströmen will. Er gehört sich selbst nicht mehr. Wie ein Erwachen überkommt seine Nähe die Natur. Dies ist der Mensch, auf den sie im Dunkeln gewartet hat. Ein Aufatmen durchweht die Schöpfung. Ah, da ist er, der Mensch, der Gott in sich trägt. Die Vögel verstehen seine Sprache, Tiere und Pflanzen nehmen seine Nähe in sich auf.«

Hilfe und Unterstützung

Für viele Menschen ist die Arbeit mit Tieren ein großes Glück. Welche Art von Hilfe brauchst du, braucht die Tierschutzstelle? Was sollten Menschen mitbringen, die daran interessiert sind?

Die Arbeit hier hat ganz viel mit Entmisten und Schleppen, mit Aufpassen und Pflegen und mit frühem Aufstehen zu tun.

Beim Bewerbungsgespräch damals in der Mentl-Villa fragte mich der Jussuf nach meinen Vorstellungen. Er wollte keine Mitarbeiter, die dachten, sie könnten das Leben der Bewohner ändern. Er sagte, 90 Prozent der Arbeit bestünden darin, um die Menschen herum sauber zu machen und darauf zu achten, dass sie menschenwürdig leben, und nicht darin, sie zu beglücken. Es ging um eine Hilfe, die nicht glänzt. Es ging um Schadensminimierung.

So ist es auch mit den Tieren. Wenn die Hühner aus den Hühner-KZs zu uns kommen, muss auch zuerst einmal um sie herum sauber gemacht werden. Liebe allein genügt nicht. Sie müssen gefüttert und betreut werden.

Menschen, die als Volontäre hierher kommen und in

der Tierschutzstelle mitarbeiten möchten, sollten wissen: Diese Zeit ist nicht als eine Auszeit bei den Tieren gedacht, sondern als eine Mitarbeit für das Wohlergehen der Tiere unter Tierschutzbedingungen.

Sie sollten über die physische und psychische Gesundheit verfügen, die für eine solche körperlich manchmal recht anspruchsvolle Arbeit notwendig ist.

Mitarbeit hier bedeutet Arbeit im Freien bei jeder Witterung, Säuberung von Ställen und Tierschlafplätzen, Arbeit auf der Alp.

Günstig wären Kenntnisse im Tierschutzbereich und eine vegetarische/vegane Ernährungsweise.

Volontäre sollten für mindestens einen Monat bleiben (mit einer Probezeit von einer Woche, an deren Ende beide Seiten schauen können, ob es passt) und persönlich über einen entsprechenden Freiraum verfügen.

Kontakt:

Stiftung Felsentor
Tierschutzstelle
Romiti
CH-6354 Vitznau
Schweiz
www.felsentor.ch

Erinnerungssplitter an
Schwester Theresia
Von Josef Windischer

1994

Wir suchten eine Mitarbeiterin, eine Sozialarbeiterin für die Mentlvilla, einer Notschlafstelle für schwer drogenkranke Personen. Es war und ist die einzige Drogeneinrichtung Österreichs mit akzeptierendem Ansatz. Die Drogenkranken durften und konnten im Haus auch illegale Substanzen konsumieren, injizieren. Allzu viele Menschen endeten schon erbärmlich in einem Straßengraben oder in irgendeiner der verschmutzten Bahnhofstoiletten.

Als Leiter der Mentlvilla begleitete ich die Bewerbungen. Schwester Theresia Benedicta bewarb sich, läutete und stand vor mir: lächelnd, im langen schwarzen Ordensgewand – Tertiarschwester, Franziskanerin, sie wolle da arbeiten, habe auch alle Qualifikationen. Ich dachte spontan: Ist ja voll interessant!

Es kamen noch einige Bewerberinnen. Einige, eigentlich alle MitarbeiterInnen meinten, dass eine Klosterschwester nicht in die Mentlvilla passe. Warum soll eine

Klosterschwester nicht in die Mentlvilla passen? Einige meinten: Ja, wegen dem Ordensgewand.

Für mich waren damals die Meinung und auch die Akzeptanz der BewohnerInnen der Notschlafstelle ausschlaggebend. Mein Vorschlag: Schwester Theresia solle eine Woche im Haus mitleben, dann könnten wir ja weiterreden.

Nach ein paar Tagen meinten die BewohnerInnen, dass sie das Ordensgewand der Schwester überhaupt nicht störe. Sie selber seien auch oft komisch oder ausgeflippt gekleidet, warum sollte das die Schwester nicht sein? Sie solle sich kleiden, wie sie wolle. Nach ein paar Tagen wollten die BewohnerInnen die Schwester nicht mehr gehen lassen. »Wir lieben sie, sie ist so ruhig, so bescheiden und so lustig.« Bald wollten sie die anderen MitarbeiterInnen auch nicht mehr gehen lassen. Alle waren stolz, dass eine Klosterschwester am Ort der oft Verachteten und Verstoßenen blieb.

Nachtdienst

Nachtdienste waren und sind oft anstrengend. Wiederholte Hausrundgänge, alle zwei Stunden Besuch in den Zimmern, um zu schauen, ob es den Leuten gut geht, manchmal auch, um lebensrettende Maßnahmen einzuleiten. Ein Dienst zwischen Sorge und Hoffnung. Mit großer Selbstverständlichkeit unterhielt sich Schwester Theresia mit den Frauen, die in der Notschlafstelle eine Bleibe hatten, die auf den Drogenstrich gingen. Sie war dabei nie moralisierend, nie mit erhobenem Zeigefinger. So fragte sie auch nach, ob die Frauen gut vorbereitet seien, ob sie ein aufgeladenes Handy und Präservative dabeihätten. Der Drogenstrich in Innsbruck ist nicht nur der billigste, er ist auch der gefährlichste. Schwester Theresia wünschte den Frauen Schutz, wünschte ihnen das Überleben in schwersten Situationen. Nach der Arbeit kamen die Frauen oft ziemlich fertig zurück. Schwester Theresia bereitete ihnen einen Tee und war für sie da. Die Drogenkranken erlebten sie und das Evangelium als Trost. Durch einfache Gesten vermittelte sie fast allen, dass jeder Mensch geliebt ist, dass jeder Mensch wertvoll ist.

Mit dem Motorrad

Es war die Show des Jahres. Damit sie zu einer Teamfortbildung kommen konnte, bot ich Schwester Theresia an, dass ich sie mit meiner alten Puch 250 (ein Motorrad Baujahr 1950) mitnehmen könne. Warum nicht. Nach einigen Kilometern war die Straße gesperrt: ein Radrennen. Wir hielten an, ein Organisator winkte mich dann durch. Ich fuhr los, wir fuhren durch das Dorf, wir fuhren durch ein Spalier von Zuschauern, ein Spalier von klatschenden Sportfans. Einige glaubten, es sei ein Film, es war aber Realität. Dass sich im Anschluss ein Schleier in einer Speiche verfing und ölig und unbrauchbar wurde, das erschreckte mich, aber nicht die Schwester. Es kommt ja nicht auf die Kleider an, sondern auf das Herz und die menschenfreundliche Gesinnung. Irgendwann legte sich Schwester Theresia dann eine eigene Maschine zu. Ob das mit der Lederhose stimmt, weiß ich nicht. Ein bisschen Fröhlichkeit, ein bisschen Show gehört doch auch zum Leben.

Eine selten erlebte Vertrautheit
Von Peter Chikurin Pfötscher

Im Oktober 1996 stand eines Abends eine katholische Nonne vor der Tür unseres damaligen Zendo. Mit einem etwas seltsamen Gefühl lud ich sie ein, mit uns zu sitzen. Sie hatte keine Probleme mit Haltung und Form unserer Zeremonie und so war ich neugierig, mehr über sie zu erfahren.

Wie sich herausstellte, hatte sie schon einmal an einem Sesshin teilgenommen. Und da sie außerhalb ihres Klosters in einer Einrichtung für Drogensüchtige arbeitete, konnte sie nun sehr regelmäßig kommen.

Schon am ersten Abend unseres Kennenlernens stellte sich eine selten erlebte Vertrautheit ein. Diese Vertrautheit erklärten wir uns durch ähnliche geistige Erfahrungen in unserer jeweiligen Kindheit und Jugend. Für uns beide waren sie wohl letztlich der Zugang zu einer Praxis, die jenseits der Worte liegt.

Zwanzig Jahre ist das nun her, doch wir sind uns immer noch so nah, dass schon öfter die Frage kam, ob wir leibliche Geschwister seien.

Was manchmal Irritationen hervorrief, war, dass sie ihr Habit auch in einem buddhistischen Umfeld trug. Für uns war das aber sehr bald selbstverständlich und diese Irritationen waren dann eher ein Grund zum Schmunzeln.

Das unerschütterliche Vertrauen, mit dem Theresia an die Dinge herangeht, sowie ihr Mitgefühl für alle Wesen waren und sind der ganzen Gemeinschaft lebendiges Vorbild und Herausforderung.

Jemand sagte einmal, Theresas Mitgefühl sei gnadenlos. Wie wahr.

Für mich ist sie der lebende Beweis, dass alle Äußerlichkeiten vergänglich, ungenügend und leer sind und es wirkliche Begegnung jenseits der Konfessionen von Herz zu Herz gibt, ja erst dort geben kann.

Das Mysterium des jetzigen Augenblicks

Von Vanja Palmers

Als Tochter des heiligen Franz von Assisi steht Schwester
Theresia in einer langen Linie von MystikerInnen, welche
die innige Verbundenheit allen Seins nicht nur intellektuell erkennen, sondern auch direkt als psychische und
physische Realität erleben ... und sie in ihrem Tun und
Lassen, mit ihrem Leben ausdrücken, manifestieren. Aus
buddhistischer Sicht ist sie eine Manifestation des oder
der Bodhisattva des Mitgefühls, Avalokiteshvara, die das
Leiden dieser Welt sieht und hört und gelobt, immer wieder in dieses Jammertal zu kommen, um allen fühlenden
Wesen zu helfen. Zehn Jahre waren es Kinder in schwierigen Situationen, zehn Jahre Heroinabhängige in einer
Notschlafstelle, seit über zehn Jahren sind es nun Tiere,
um die sie sich mit großer Hingabe kümmert. Ihre Liebe
und aktive Fürsorge gilt immer den Schwächsten, Hilflo-
sesten, den Bedürftigsten.

Aus heutiger Sicht könnte man ihren Einsatz mit den
Kindern als klare Überforderung, ja, als unmenschlich
einstufen: Die Schwestern hatten jeweils zwölf bis fünf-

zehn Zöglinge, zum Teil physisch und/oder psychisch behindert, sie waren rund um die Uhr im Einsatz, verbrachten auch die Nächte im Schlafsaal mit den Kindern, sieben Tage die Woche, 51 Wochen im Jahr. Vorgesehen war jeweils eine Woche Urlaub im Kloster oder bei der Familie (welche im Falle von Schwester Theresia nicht vorhanden war).

Auch eine Notschlafstelle für Substanzabhängige ist mit viel Stress verbunden – für die Insassen und die Betreuenden. So ist es weiter nicht verwunderlich, dass Schwester Theresias Herz irgendwann die Notbremse zog, sie hatte einen Herzinfarkt. Der Arzt verordnete ihr ein Sabbatjahr, eine Auszeit vom emotional und physisch anstrengenden und intensiven Nachtdienst in der Mentl-Villa. Das Timing war gut: Für unsere im Aufbau befindliche Tierschutzstelle am Felsentor war Schwester Theresia ein Geschenk des Himmels, sie tauchte genau im richtigen Moment am richtigen Ort auf ... oder, um im Bild zu bleiben: sie stieg vom Himmel herunter.

Wieso braucht es überhaupt (Nutz-)Tierschutzstellen? Einerseits für die Tiere: Hier finden einige Individuen Schutz vor Verfolgung und Schaden an Leib und Seele – und sie erinnern uns an alle anderen, durch den Menschen genutzten Tiere, denen es in den allermeisten Fällen sehr schlecht geht. Andererseits für die Menschen: In unserer zunehmend urbanisierten und technisierten Welt fehlt heute den meisten Menschen eine direkte, persönliche Beziehung zur organischen Natur und den Mitbewohnern dieser Erde. Wer ein paar Pflanzen auf dem Balkon oder eine Katze oder einen Hund hat, darf sich schon zu den Glücklichen zählen. Das ist eine große Verarmung unseres Lebens, für die wir mit einem Gefühl der Abgeschnittenheit, Vereinsamung und Orientierungslosigkeit bezahlen. Und es ist eine der Ursachen für unseren zerstörerischen (und letztlich selbstzerstörerischen) Umgang mit unserer Mutter Erde und unseren Geschwistern, den Tieren. Die meisten rotten wir aus, weil wir ihnen den Lebensraum nehmen; einige wenige Arten züchten und vergewaltigen wir in der industriellen Tierhaltung.

Das Felsentor bemüht sich darum, eine Art Werkstatt für harmonisches Leben zu sein – im Einklang mit uns selber (Meditation), mit andern Menschen (Hausgemeinschaft und Gäste), mit Tieren (Tierschutzstelle) und mit dem ganzen Ökosystem (pflanzliche, saisonale und regionale Ernährung). Dass wir uns dabei an zum Teil Jahrhunderte alten japanischen Ritualen und Texten, die aus dem Zen stammen, orientieren, ist historisch bedingt.

In dieser Tradition beginnen wir bestimmte Zeremonien, die letztlich immer dem Wohlergehen aller Wesen gewidmet sind, mit den Worten:

All mein uralt verstricktes Karma,

Aus anfangsloser Gier, Hass und Verblendung,

Geboren aus Geist, Wort und Körper,

Bekenne ich jetzt voll und ganz.

Bekennen in einem dreifachen Sinn. Erstens im Sinne eines Erkennens: Wir müssen auf unser Karma – unser individuelles und kollektives Leben, unsere ganze Welt – genau schauen und die Dinge klar benennen. Zweitens beinhaltet Bekennen ein »Dazustehen«, Annehmen und Bejahen. Was immer es ist, das ist unser Leben, und wir drücken unseren Wunsch, unsere feste Absicht aus, es anzunehmen und das Beste daraus zu machen. Und schließlich ermahnt uns das »öffentliche Bekenntnis«, wie dieser einleitende Vers genannt wird, angesichts der Gier (Wollen), des Hasses (Nicht-haben-Wollen) und der Verblendung (Sich-Sorgen-Machen), die alle ohne Anfang sind, dort zu beginnen, wo wir gerade sind, hier und jetzt, inmitten dieser unvollkommenen Welt der Erscheinungen, verstrickt in Samsara.

Also schauen wir einmal genau hin: Wo stehen wir in Bezug auf die Bedrohung unseres Ökosystems? Das Leben selber ist in keiner Weise bedroht, es wandelt und entwickelt sich stetig und unaufhaltsam munter weiter. Auch als älteres Individuum von fast 70 Jahren erwarte ich von dieser Seite nicht mehr allzu viel Schreckliches. Für meine

Tochter bin ich mir da schon nicht mehr so sicher, und für die Generation(en) danach sieht es ziemlich düster aus – unsere Spezies ist, zusammen mit einem großen Teil der höher entwickelten Arten, vom Aussterben bedroht. Wir sind drauf und dran, das ganze Ökosystem, die Lebensgrundlage, von der auch wir abhängig sind, dermaßen rasant und massiv zu verändern, dass es einer Zerstörung gleichkommt. Das ist die schlechte Nachricht. Die gute ist: Nicht ein auf uns zurasender Komet oder sonst ein übermächtiger Feind bedroht unseren Fortbestand akut – es sind wir selber und es liegt auch in unserer Hand, diesen selbstzerstörerischen Kurs zu ändern.

Die Bedrohung unserer Lebensgrundlagen durch unsere Spezies hat zwei konkrete Ursachen: Einerseits die Anzahl Menschen, andererseits unser Konsumverhalten.

Jeden Tag sind wir etwa 220 000 mehr Menschen auf diesem Planeten, das sind pro Jahr 80 Millionen. Innerhalb einer einzigen Generation – was aus Sicht der Evolution nicht einmal der Bruchteil eines Augenzwinkerns ist – haben wir uns verdreifacht. Als ich 1948 geboren wurde, waren wir circa zweieinhalb Milliarden ... inzwischen sind wir 7,5 Milliarden. Unsere Spezies hat sich zu einem globalen Krebsgeschwür entwickelt, wir wuchern und vermehren uns rasant auf Kosten der anderen Tiere und Lebensformen. Von allen Landwirbeltieren macht der Mensch inzwischen 33 Prozent der Biomasse aus, wei-

tere 64 Prozent sind die von ihm gehaltenen Nutztiere –
vor allem Schweine und Rinder. Das lässt gerade einmal
drei Prozent für alle anderen Säuger – Elefanten, Giraffen,
Nashörner, Orang-Utans, Wölfe, Löwen, Gämsen, Eich-
hörnchen, Mäuse, Steinböcke, Hasen, Hirsche ... die Liste
ist fast unendlich lang, denn diese Welt ist das Zuhause
für sehr, sehr viele verschiedene Spezies. Aber sie wird
gegenwärtig schnell kürzer: Wir sind Zeugen eines dra-
matischen Artensterbens; in wenigen Jahrzehnten wird es
keine großen wild lebenden Tiere mehr geben. Wörter wie
Leopard, Eisbär oder Nilpferd könnten bald nur noch das
sein: Wörter ...

In einer begrenzten Welt ist ein unbegrenztes Wachstum auf Dauer nicht möglich, und wir müssen lernen, dass
das auch auf uns Menschen zutrifft. Noch wird Wachstum
auf allen Ebenen gerne als Allheilmittel wahrgenommen,
vor allem die Wirtschaft feiert jedes Plus als Erfolg ohne
Wenn und Aber und präsentiert jedes Minus als etwas
durch und durch Negatives. Wirtschaftliche Interessen
sind es denn auch, die unseren Konsum nach besten Kräf-
ten anzukurbeln suchen ... und die Folgen von alldem
werden so gut wie möglich ausgeblendet, vertuscht, ver-
leugnet.

Der zweite Aspekt des Bekennens betrifft unser Konsumverhalten: Hier geht es in erster Linie um Konsumgü-
ter, Lebensstandard, Wohnraum, Mobilität ... und diese

tragen natürlich auch ihren Teil zur Ökobilanz bei. Aber der bei weitem größte Teil unseres ökologischen Fußabdrucks (weit über 50 Prozent) hängt direkt mit unseren Essgewohnheiten zusammen, und hier sind es in erster Linie (bis zu 90 Prozent) die tierischen Lebensmittel – Fleisch, Milchprodukte und Eier –, welche für das Abholzen der Regenwälder, die Klimaerwärmung, das Überdüngen unserer Böden und Seen und so weiter verantwortlich sind. Die Fakten sind bestens bekannt, aber selbst die Verantwortlichen der staatlichen Umweltorganisationen und auch die Vorstände der großen Nichtregierungsorganisationen (hier erstaunt und ernüchtert der Einfluss der mächtigen Lobbyisten besonders schmerzlich) vermeiden diesen Aspekt tunlichst, wollen sich damit nicht die Finger verbrennen … und viele ihre eigenen lieb gewonnenen Essgewohnheiten nicht wirklich ändern.

Vor ein paar Jahren hatte ich die Gelegenheit, mit Kumi Naidoo, dem damals eben neu gewählten CEO von Greenpeace International, ein ausführliches Gespräch zu führen. Ein sympathischer Mann, Mitte vierzig, ein dunkelhäutiger Anwalt aus Südafrika, ein »normaler« (aus meiner Sicht »schwerer«) Fleischesser. Er hat mir erzählt, dass ihm bei seinen Einstellungsgesprächen ausdrücklich versichert wurde, dass Vegetarismus (geschweige denn Veganismus) für Greenpeace kein Thema sei. Ich frage mich, wie sich eine Organisation für den Erhalt einer intakten Mitwelt einsetzen und gleichzeitig die Hauptursache der Bedrohung ausklammern kann.

Neben dem ökologischen Segen einer (weitgehend) pflanzlichen Ernährung sind es noch zwei weitere Aspekte, die jeder für sich alleine schon Grund genug wären, diese Form der Ernährung öffentlich zu fördern und individuell zu wählen: die eigene Gesundheit und das Elend der sogenannten Nutztiere. Wer sich für die Gesundheit interessiert, dem sei das Buch *China Study*, das eine wissenschaftliche Begründung für eine vegane Ernährungsweise liefert, wärmstens empfohlen. Es beinhaltet eine Zusammenfassung der weltweit durchgeführten Studien über den Zusammenhang zwischen Ernährung und Gesundheit. Man kann das Ergebnis in einem Satz zusammenfassen: Je weniger tierische Produkte der Mensch konsumiert, umso länger und gesünder lebt er.

Besonders schlecht schneiden dabei Milch und die daraus hergestellten Produkte wie Butter, Käse, Yoghurt und so weiter ab. Was eigentlich nicht verwundert. Die Muttermilch ist ein hochspezialisierter Cocktail für schnelles Wachstum, ein Schub für den eben geborenen (aus geburtstechnischen Gründen möglichst kleinen) Körper, der (aus überlebenstechnischen Gründen) möglichst schnell wachsen, an Größe und Gewicht zulegen soll. Von den circa 4 500 Säugetieren auf diesem Planeten ist der Mensch das einzige, das dieses Turbowachstumsgetränk über das Säuglingsalter hinaus zu sich nimmt. Wen wundert's, wenn viele Krebsarten – ein Turbowachstum von Zellen – mit dem regelmäßigen, jahrzehntelangen Konsum von Milch eng korrelieren?

Wer sich für das unsägliche und unvorstellbare Leiden der sogenannten Nutztiere interessiert, der wendet sich einem der dunkelsten Kapitel in der Geschichte der Menschheit zu. Von relativ kleinen Nuancen abgesehen, hat sich auch die moderne Tierhaltung weitgehend vereinheitlicht und globalisiert. Grundsätzlich wird in der heute üblichen Intensivhaltung auf der ganzen Welt nach rein ökonomischen Gesichtspunkten produziert: Das fängt mit Qualzüchtungen (schneller mehr Fleisch, mehr Milch, mehr Eier) an, geht bei den Haltungsbedingungen (möglichst viele Tiere auf möglichst wenig Raum) weiter – wobei hier routinemäßig die Tiere ohne Narkose verstümmelt werden: Kühe werden enthornt, Schweinen werden Schwanz, Ohren und Hoden abgeschnitten sowie Zähne ausgebrochen, Hühnern werden die Schnäbel abgebrannt. Das qualvolle Leben endet, oft nach langen Transportwegen, im Akkord am Tötungsfließband. Das Wohlergehen und die Würde des individuellen Tieres haben hier keinen Platz mehr. Wir haben diese intelligenten, sozialen, fühlenden Wesen zu Produktionseinheiten degradiert, ihnen jegliches Eigeninteresse abgesprochen.

Auch hier fällt unser unsäglicher Milchkonsum besonders unangenehm auf. Es ist wesentlich schwieriger, Milchkühe artgerecht zu halten als zum Beispiel eine Freilandherde zur Fleischproduktion. Außerdem gibt eine Kuh nur dann Milch, wenn sie jedes Jahr wieder ein Kalb bekommt – das ihr sofort bei oder kurz nach der Geburt weggenommen wird. Das erbarmungswürdige Rufen der verzweifelten Mutter und ihres Kindes dauert oft Stunden, wenn sie in Hörweite getrennt voneinander gehalten werden, oft Tage. Welch eine routinemäßige Grausamkeit ...

Wir sind Teil eines äußerst komplexen Netzwerks von Beziehungen, und zwar auf vielen verschiedenen Ebenen: biologisch, evolutionär, klimatisch, kulturell, genetisch, sozial ... Je mehr wir über diese Zusammenhänge lernen, umso klarer wird unsere Verbundenheit mit und Abhängigkeit von allem, umso offensichtlicher ist unser eigenes Wohlbefinden mit dem Wohlbefinden unserer Mitwelt aufs engste verbunden, umso mehr können wir eigentlich nur staunen und uns mit einer gewissen Bescheidenheit eingestehen, dass wir im Grunde nichts wissen, nur an der Oberfläche kratzen, dass unsere Existenz ein großes Geheimnis ist, ein Geheimnis das uns hervorgebracht hat und uns für eine Weile trägt, ernährt und erhält.

Diesem großen Geheimnis, dem Urgrund allen Seins – in der christlichen Tradition auch Gott genannt – hat

Schwester Theresia ihr Leben gewidmet, und viele Menschen spüren in ihrer Gegenwart intuitiv etwas von einer tiefen Geborgenheit, Ruhe und Zuversicht – ganz ähnlich, wie wir es in der direkten Begegnung mit den Tieren erfahren können. Auch sie können uns, unverhofft und ohne Umwege heimbringen, zurück in das Mysterium des jetzigen Augenblicks.